簡單就好，
生活可以很德國

作者◉門倉多仁亞
譯者◉王淑絹

THE SILVER PALATE COOKBOOK
Deutschland
THE SILVER PALATE GOOD TIMES COOKBOOK
TAPAS

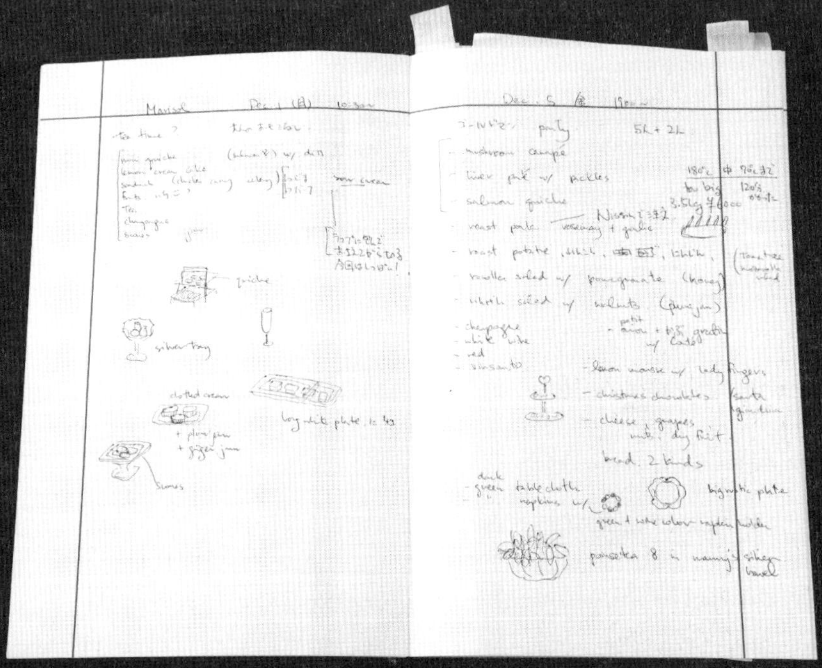
Marisol
Dec 1
tea time ?
lemon cream cake
Tea
champagne
quiche
silver tray
clotted cream
+ ginger jam
Scones
Dec. 5 金
party
5人 + 2人
- mushroom canapé
- liver paté w/ pickles
- salmon quiche
- roast pork rosemary + garlic
- roast potato
- champagne
- white wine
- red
- vinsanto
- lemon mousse w/ lady fingers
- christmas chocolates
- cheese, grapes
bread 2 kinds
dark green table cloth
napkins w/
green + white colour napkin holder
big white plate
silver bowl

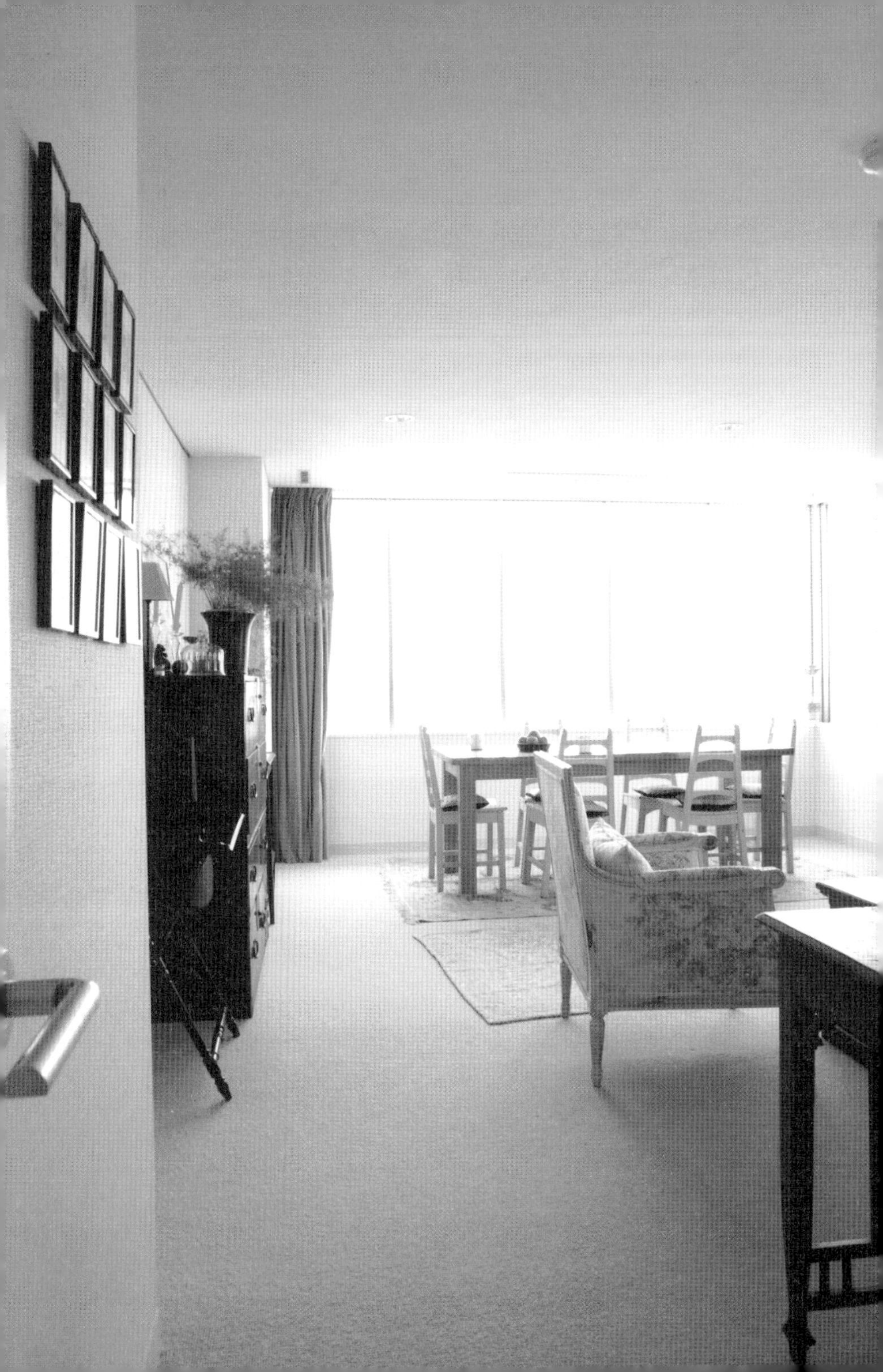

〈推薦序〉

是德國，還是理性的簡單生活？

——南村落總監、生活美食家　韓良露

我因為好奇，而開始閱讀《簡單就好，生活可以很德國》這本書，但讀著讀著，竟然從本來我以為自己是絕不德國，變成雖說不「很」卻「頗」德國的人了。

此話從何說來？年輕的我很浪漫、隨性、不拘大小節，若以國度來比喻，我當然是偏希臘、義大利、西班牙文化的天性，當年我的理財態度也如同這幾個鬧金融危機的歐豬國家，早年的我總像月光族般先享受美好的生活，當年的我覺得自己離德國人的理性與自律很遙遠，說實話也不太羨慕人活著要照規矩過，當時有一則德國笑話說，只有德國人才會在空無車輛的班馬線前面等綠燈亮。

二十多歲的我，並不明白德國人守的規矩不只是社會、法律的規矩，而是早已內化成個人的、集體公共精神的紀律。

但二十多年前開始在德國大城小鎮旅行的我，一些生活小事卻讓我留下深刻的印象。有一次到了奧格斯堡，週二住進小旅館，原本預計住到週四，也問了每日房價，但後來延了行程住到下週一，付帳時交出了六天住宿費馬克現鈔之後，旅館主人卻退回了一些錢，一問之下才知旅館在週休二日打七折，真誠實啊！我心裡想著這種不欺生的態度才叫文明。但為什麼週末要打折呢？因為德國人在週休根本不會從事公務，守著新教徒工作倫理的德國人，週休是安息日。

還有一回，我和德國友人在漢堡逛街，朋友不小心在店裡打破了玻璃花瓶，但朋友和店員都不慌不亂地拿出文件填寫，原來朋友像許多德國人一樣都有投保出外意外毀損險，不僅不小心打破店家物品可理賠，朋友還解釋去私人家中若打破東西也可以理賠。我聽了心中直發笑，真是理性到家了嘛！但當時我還覺得做德國人生活太累了，幹嘛要連生活小事都風險控管至此呢！我還對德國朋友開玩笑說：「放心！你到我家打破東西不會要你賠的。」但朋友卻很正經地回答我：「如果我不小心打破的是你家的貴重珍寶，你嘴巴上說不要賠，心裡會不會有疙瘩呢？為什麼不讓這些可能讓生活不愉快的意外交由保險公司承擔呢？」

於是，預先做風險控管，先多做一點謹慎安排，不要怕麻煩，保個外出毀損附加險，從此就可以安心旅遊訪友了。因為預先做了準備，就不怕之後的麻煩，生活因此可以變得簡單，而德國式的簡單是用心去化繁為簡的文明式簡單，而不是不事先規劃、凡事不做安排的落後式簡單生活。

我隨著年紀增長，在生活中逐漸學到不少功課，凡事也會多想、多預先做計劃，慢慢也讓我的生活越來越化繁為簡，但我並未覺得自己在學德國人，直到看了《簡單就好，生活可以很德國》這本書，才恍然大悟，我學到的簡單紀律，其實就是理性文化，德國只是個理性文化的代名詞，因為德國文明特別尊崇與實踐理性價值。

少年、青年的我感性極了，生活得很狂放，也惹出不少麻煩，中年、壯年之後慢慢變得理性，生活也趨於平靜、簡單。如今的我真的變得像這本書中的德國人般，二十多年來我都有個小冊子記錄每日行事，每天早晨會查看今日必須完成之事，其餘的事就不會放在心上，家中所有重要文件會固定放在一個抽屜內，從此就不怕找不到，重要的數字密碼已分別抄在隨身小冊子中及家用手冊裡，養成從容不迫的習慣，生活中區分啟動與關閉的時刻，飲食、衣著大體從簡小處從繁（畢竟美食、美衣是生活中的美麗煙火），花錢也是大體簡樸小處浪漫，與人交往大疏小親，工作態度大認真小隨意……總之，我慢慢找到了日常生活的平衡感，用理性精神為準則，以感性精神為內蘊。

《簡單就好，生活可以很德國》這本書，對於太感性、行為失序、生活混亂的人而言，是一本很值得學習的 know-how 簡樸生活方法書，但我們對德國式過於規矩理性的原則也不該照單全收，畢竟最美好的生活是理性與感性並存的中庸生活之道，希臘、義大利人或許該向德國學簡單，但德國人何嘗不也向希臘、義大利文化學熱情、善感與無拘無束呢？

前言

我發現自己每天的生活過得既忙碌又慌亂，總是不斷被時間追著跑。與朋友見面時，幾乎都習慣性先問對方「忙嗎？」當作問候語。

在這種生活模式之下，我開始思考要怎麼做，才能讓自己的生活不要過得那麼急躁與焦慮，期待能以適合自己的步調來過生活。

其實，解決的方法很簡單。像我的外婆與母親那般，將每天必須做的事當作例行公事去執行，讓這些事成為不經思考就能完成的部分。至於其他事情，一律拋諸腦後，不要時時惦記著。

此外，對我而言，最佳的學習範本是母親的國家——德國。德國人的工作態度一絲不苟，但他們也相信持續工作不休息，工作效率必定變差，因此德國人非常重視休閒生活。對德國人而言，休息是神聖不可侵犯的領域。未曾聽過有人會在週末工作，更不可能利用週末和客戶打高爾夫球。我在德國旅行時，曾目睹一位友人在週末收到手機傳來的電子郵件而勃然大怒，因為那封郵件是從公司傳送過來的。乍聽之下這樣的反應或許讓人覺得太極端，但我卻認為這種快刀斬亂麻的明快作風，正是德國人值得我們學習效法的生活態度。

進入社會已經二十三年了。至今我仍確信，最舒適的生活應該是不會被繁瑣事物所羈絆的簡單生活。

不僅如此，心靈與週遭事物同樣必須回歸到簡單樸實，我願在此向讀者介紹我自己如何在這方面下功夫，身體力行去實踐一種恬靜的生活方式。

當讀者開始針對目前的生活進行省思之時，希望本書能夠提供給您一些不同的觀點，也許是養成一種新的生活習慣，若能對您有所助益，就是我最大的喜悅。

目錄

Contents

五 培養寧靜心靈的習慣

六　人際交往的習慣

1

養成從容不迫的習慣

淨空頭腦

每天忙碌的生活中，偶爾會遇上同時間必須處理許多事的情況。然而人只有一個身體和一顆腦袋，遇上這種時候總是疲於奔命。一旦需要處理的事情遽增，人就會不自覺地變得急躁，這個時候我們會在心中開始對於所要進行的事情做一番優先順序的排列。

我會隨時在桌上擺放一張待辦事項的清單，將腦海中計畫「必須做」的事形諸文字，將它們一一列出來。當你一開始動手寫，會先將直覺想到的事列出來，它們的排列並不代表是最佳的優先順序。我就是藉著每天早晨瀏覽待辦事項清單的這個動作，逐一將哪些事項必須在當天完成、哪些事項可以等到明天或下禮拜再處理也無妨，一一重組排列它們的先後順序，同時也依據這個順序決定我當天的行程。

當你在腦海中輸入「現在必須做的事情」之後，請務必全心全意去處理。

每天早晨，坐在桌前確認當天的預定行程，將必須做的事形諸文字。

以往我經常被堆積如山的待辦事項壓得喘不過氣。舉例來說，我出社會的第一份職業是在證券公司工作，因為要學習的事物實在太多，靠自己鑽牛角尖地埋頭苦幹總嫌不足，遲遲無法獨當一面，每天我都會因為煩惱許多事情而唉聲歎氣，導致我在二十三歲的年齡就罹患十二指腸潰瘍。

從這段經歷當中，我發現了一個事實。那就是，同一時間擔憂許多事情勢必會造成腦容量超載，特別是擔憂明天的問題並沒有任何益處。擔憂明天的事情不僅無法集中精神處理眼前的事，反而浪費時間，徒增負面情緒。

身體和頭腦只有一個，因此工作只能逐一完成。依序逐一煩惱再依次解決就好。眼前最重要的是做好當下的工作和不出錯，當你明白這層道理之後，持續提醒自己不要忘記，就能專注於當下了。

在生活上區分啟動和關閉的時機

我母親是一位職業婦女，昔日為了兼顧工作與家庭的她，經常忙得暈頭轉向。每當我暗忖「這會兒不知道她在不在家？」而特意去探訪她時，總是看見她安靜端坐在椅子上閱讀。母親的家裡到處都有坐起來很舒適的椅子，在那些椅子上面肯定會擺著一本母親閱讀到一半的書籍。母親通常會花二十分鐘的時間閱讀適合當下心情的書籍，這是她心靈的休憩時光。

母親閱讀的時間是不容許任何聲音打擾的。即使我叫媽媽，她也不會回答，即便回答也是說：「現在是媽媽的時間，等一下再說吧！」

母親的回覆令我印象深刻，另外還有一件事同樣令我難以忘懷。

當我還是高中生的時期，全家住在兵庫縣西宮市。每當天氣晴朗的週末假期，總能看見家家戶戶曬棉被的景象。若是連日陰雨綿綿之後，好不容易有天空乍晴的日子也就罷了，然而出身德國的母親還是會很納悶地說：「為什麼人們只在週末才曬棉被呢？」

母親想表達的是，應該做的事一定要確實做好，做完之後就可以大大方方休息。我承襲母親的思考與行為模式，總會利用丈夫外出不在家的這段時間，把所有該做的家事逐一完成。當丈夫休假的週末假期來臨，便可以從容享受兩人的休閒時光。如果遇到夫妻同時得上班，只能利用週末來打掃的情形，就得在週末設定啟動和關閉的時間。比方上午是打掃時間的話，下午就是放鬆的休閒時刻。好不容易到來的週末，應該要好好休息才是。

母親不僅重視自己的休憩時光，也非常注重他人的休息時間。平日的晚上七點鐘過後和週末假日，她都不會打電話到我家（當然有急事另當別論）。我父親是日本人，他的個性是隨時想到就會打電話，據說母親總是勸阻他。母親的考量點是平日為「營業時間」，工作已經夠累了，為何還要在人家好不容易能夠休息的時間打電話去叨擾呢？夜間與假日是用來休息放鬆的時刻，這不僅是讓夫妻培養感情，同時也是家人團聚的私人時間。母親認為即使是父女至親，也要顧慮到孩子他們也有自己的家庭生活。

早晨，一天開始之前的例行工作

對我而言，早起是一件苦差事，我最喜歡躲在溫暖的被窩裡呼呼大睡。但是我第一份工作卻得在六點鐘出勤，因此養成我在四點半起床、搭乘大約五點鐘出發的首班車通勤的習慣。因此也造就了我和同業的丈夫、好友們，這二十年來持續過著四點半起床的生活。

透過這個經驗，我明白一件事：早起不過是一種習慣。當鬧鐘響起時，大部分人往往還想繼續睡，假如你能在那一刻不假思索、馬上掀開棉被奮然起身，並讓這

上／隔天早上要做菜肉蛋捲的話，我會在前一天晚上將雞蛋和切好的蔬菜放入大碗，然後放進冰箱。
下／蔬菜、果皮等放在鋪好報紙的盤子上，收拾好之後再扔入廚房的垃圾桶裡。不使用生鮮垃圾專用的垃圾袋。

個動作成為每天的慣例，久而久之，你的身體自然會按照規律行事。一旦早起成為習慣，夜晚一定也會早早產生睡意，如果再嚴格一點，能控制在晚間十點鐘上床睡覺，就能創造一種良性的生活規律。

早晨的例行工作非常重要。將許多非做不可、希望在晨光中執行的事排入每天的例行工作，就好比洗臉刷牙一樣，你可以在過程中完成一連串動作。

若觀察德國婦女的話，會發現每個女性都身體力行她們特有的例行工作。比方說送家人出門之後，轉身會順便把門前的地墊拿起來撢一撢；推開窗戶讓室內空氣流通後，會順便去澆澆花等等。她們會先做完這些例行工作，再展開一天的生活。

我介紹一下自己的早晨例行工作。首先，我會趁丈夫打理門面準備出門的時間，開始想一下今天早餐和丈夫便當的菜色內容。在準備前一晚的晚餐時，我同樣會考慮到次日的早餐和便當的菜色內容。清洗蔬菜或解凍這類的處理工作，我通常會盡量在前一天晚上完成，再放入碗盤裡備用，若什麼事都等到早上處理，實在很難在有限時間完成，先預做準備的話，動作自然會快很多。

用完早餐之後，我會開車送丈夫上班。回家之後，我會先泡杯咖啡，廚房收拾妥當後，再端咖啡到電腦前坐下。基本上我一天只瀏覽一次電子郵件，並且盡可能當下決定如何回信。

讀完電子郵件之後，我會開始查詢資料並撰寫文章。當然得好好利用專注力最好的晨間時光來做這些事。運用這段晨間時光處理不擅長的事務，往往出乎意料地順利。最後再對照行程表規劃今天一整天的時間分配，這時候通常才早上七點鐘而已。於是我開始打點自己，展開一天的工作。

將掃帚掛在門把上，這樣一旦看到髒亂和灰塵，就能立刻打掃。

訂定規則

料理家務沒有退休之日可言，這是必須一直持續進行的工作。假如必須天天整理房間、每天做菜的話，久而久之會變成一件苦差事。我母親在年過六十之後，才開始擁有自己的工作，她考量自己的體力與時間，而制定一套屬於自己的規則，好讓自己的生活能夠輕鬆自在，並且游刃有餘。

有一天，媽媽在廚房裡貼了這樣一張便條紙。

「廚房每晚八點鐘打烊。之後的時間麻煩大家自己動手。」

原本父親仍在工作時，即使再晚歸，媽媽仍然會為父親做飯，父親退休後也開始採取媽媽的做法，開始訂定相關的時間規則。

週日是休息日，基本上不做家事，不過若夫妻倆共度週末的話，還是得做飯。另外，我將週一和週四訂定為不進辦公室的日子，這麼一來就可以利用這些時間從事自己喜歡的活動。這些時間我只做自己想做的事，或者去看牙醫之類不需要耗費心神的事，想做菜時就盡情揮灑，感覺疲乏的話就外食。遇上工作忙碌時，這樣的時間我會待在家裡好好放鬆，若日子更悠閒，我會去看展覽或逛街購物。

週二、三、五、六我會進辦公室工作，利用週五晚上陪父親外出用餐。

當然有時候也會遇到例外或需要改變預定行程的情形。我覺得等到週日當天再來決定這一天的時間如何安排，心情上會比較自在而不受拘束。就像做菜時，若要求每次都必須做出一道全新的菜色，壓力一定很大，但若每週循環一次相同的主菜，例如依序一天魚肉、一天豬肉等，每天仍有不同的主菜輪流出現，但心情上就輕鬆多了。

要回信的時間再開啟電子郵件

我通常只在要回信的時間才會開啟電子郵件。因為我發現若是一直想著收到哪些信件而不斷去確認收信，反覆擔心的結果反而無法好好回信。在確認郵件和回覆郵件上耗費太多時間是很累的，因此我將郵件收發列入例行工作之中，看信之後得當機立斷，立刻決定如何回信。

我只在早晨確認郵件。即使遇到一整天都得坐在電腦前工作，同樣也只在早晨確認郵件。平日若沒有特別等候哪封信件時，依然僅於早晨確認郵件。

因為考慮到可能會遇到緊急狀態，為求使用的便利性，我買了iPhone。有了iPhone，即使電腦不在身邊也能收取郵件，但也僅限於去確認寄件者，盡量不去閱讀郵件內容。

開啟郵件之後，我會立刻決定哪些信需要回覆，將它們篩選歸入資料夾存檔，剩餘的信件一概刪除。我的收件匣通常保持淨空狀態。如此一來，每次只要針對收件匣的信件進行確認即可。此外，週六早晨我會確認郵件，但週日一律不看信。德國人非常重視的安息日，我同樣很重視，也將安息日列入我個人例行生活規律的一環。

和自己預約

你是否會經常將不想做的事暫擱一旁，藉口因為今天很忙而合理化這種行為呢？我就有那樣的壞毛病，針對某些特定非做不可的事總是再三拖延遲遲不動手處理。一旦暫擱一旁的事越來越多，最後肯定會堆積如山。這時候，你必須拿出和別人預約時間的觀念，來跟自己預約，並且要像與他人約定不能隨便取消一樣，一旦和自己預約之後也要信守承諾。

首先，你可以檢視自己的行事曆。為求能夠一覽待處理事項，一直以來我偏愛使用一翻開，跨左右兩頁即可容納一整個月記錄的月曆型行事曆。然而每當著手規劃行程時，我還是會覺得茫然不知從何下手。

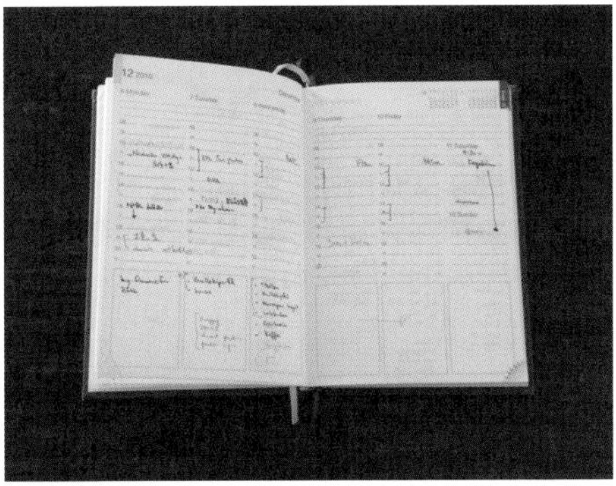

翻開跨頁即可瀏覽一週的行事曆。

後來，我改用逐週檢視行程的新版行事曆，這麼一來，我就能針對要上攝影課或烹飪課的那天，仔細記下每項行程的預定時間。行事曆下面的筆記欄，可以用來記錄準備採買的物品。如此一來就不需要凡事記在大腦裡，只要查看行事曆就能一目了然，心情自然輕鬆自在。

活用玄關處

如果你在出門之前還有一堆事沒處理好，一定會手忙腳亂。歸咎原因要不是臨時要找的東西太多而丟三落四，就是時間太急迫。為了克服這項缺失，假如我打算將某物交給某人時，就會在想起這件事的當下，立刻把東西準備好，並且將這些東西掛在玄關的把手。例如：當我一想到出門的時候可以順便郵寄包裹，就會立刻把這些東西放在玄關。另外像離開之前必須特別上鎖的門窗位置或絕對不能忘記的重要事項等等，只要一想到，我就會馬上寫在便條紙上，貼在玄關門前。

玄關是訪客目光最先接觸之地方，人們對一個家庭的第一印象由此產生，玄關也是應該盡量保持清潔的地方。保持清潔的第一步就是將鞋子收拾好。如果你有兩雙以上的鞋子，其中一雙一定要收進鞋櫃裡。鞋子穿了一整天，會因為腳汗的緣故而產生濕氣，脫下後不必立刻收起來，先將鞋子擺在玄關通風一整天再收入鞋櫃。此外，要使用吸塵器清理地板時，請先將玄關脫鞋處的鞋子收拾好再清理，這樣也比較容易打掃，畢竟鞋子擺滿一地並不好整理。

我家玄關唯一的傢俱是椅子，用來坐在上面穿脫鞋子極為便利。料理教室的朋友造訪時坐的椅子，平時就擺在玄關當作暫放行李的置物椅。

老家的玄關有一面大型穿衣鏡，方便家人出門前檢視自己的外表。我家的玄關掛著一面高度正好可以看到臉的小鏡子，家人外出前都會站在鏡子前，整理儀容。我不在玄關處擺放其他的裝飾品，就用那一面鑲著漂亮邊框的鏡子當作裝飾。

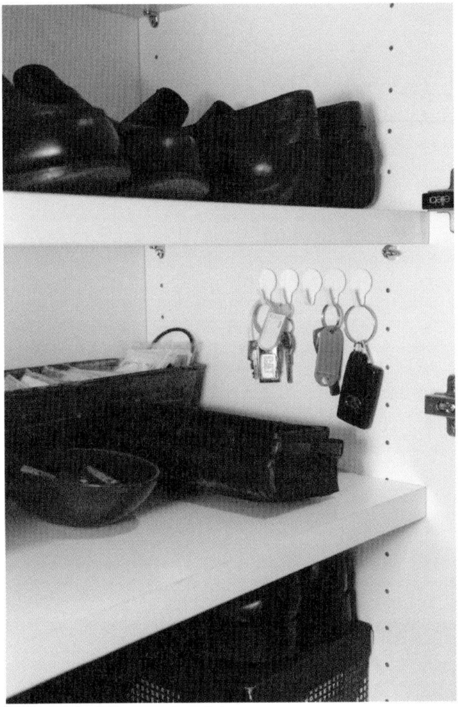

鞋櫃裡貼上幾個掛鉤，鑰匙、面紙這類的物品可以收在裡面。

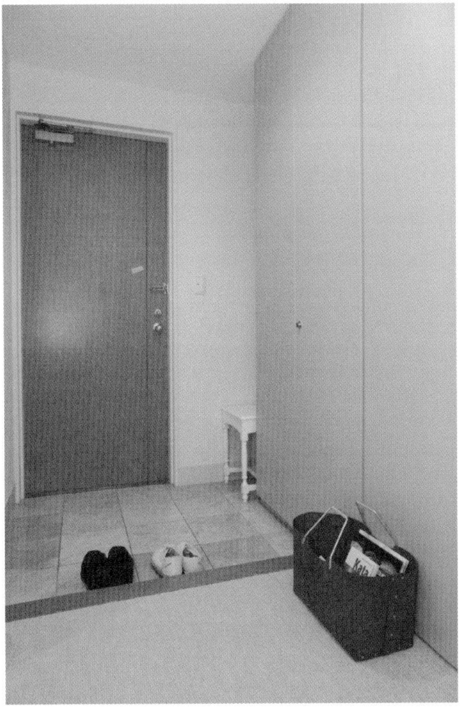

玄關要經常保持乾淨清爽。將要帶出門的物品整理起來放入籃子裡，方便記得攜帶。

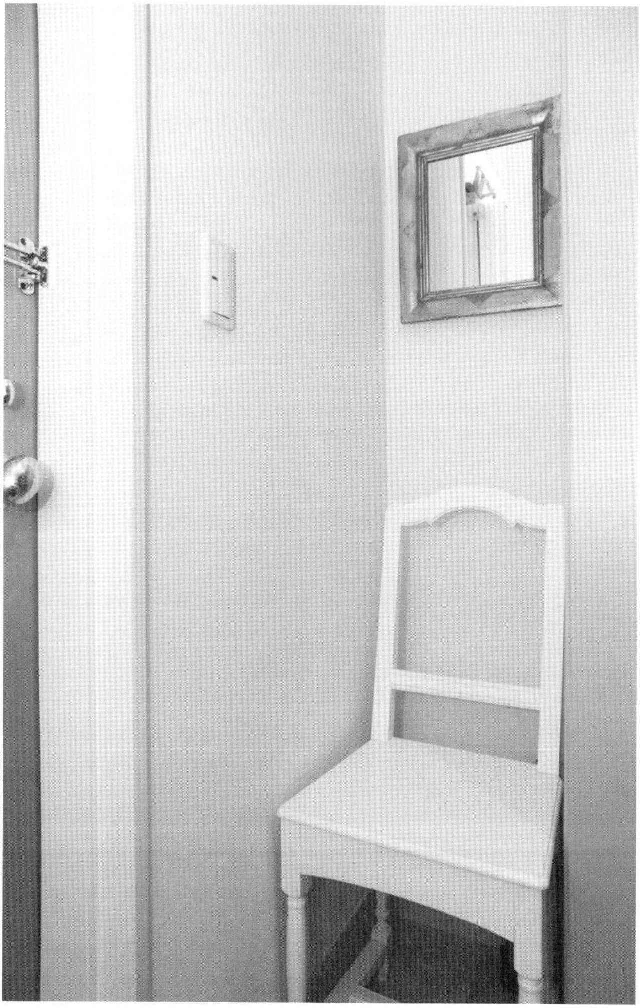

出門之前，先稍微照一下鏡子再開門吧！

◎讓生活有規律

德國人非常重視日常生活的規律。好的生活規律與好的習慣息息相關，都有穩定情緒的作用。我會留心包括接送孩子去幼稚園或托兒所的時間、睡午覺時間、吃飯時間、遊戲時間等，盡力讓這一切有規律。這麼一來，不但能減緩肚子餓、睡不著等壓力，也能讓母親與孩子獲得充分休息，減輕孩子睡不著而產生的負面情緒。

德國的外公今年已經九十歲了，他同樣重視生活的規律性。

外公每天早晨八點鐘起床，立刻將棉被鋪平，打開窗戶讓空氣流通。接著九點鐘前往自己所喜愛的咖啡館，一邊看報紙，一邊喝咖啡。不論颳風、下雨都堅持開車去咖啡館報到的外公表示，這段路剛好讓他練習開車。

回到家之後，外公稍微整理一下臥房，再外出到附近的老人之家用餐，下午回家睡個午覺，晚上自己動手做晚餐。另外每週一，他訂定為自己的洗衣日。

我認為外公之所以能長期過獨居生活的祕訣，在於他力行「物品使用後，立刻物歸原處」的原則。若我們想避免丟三落四，不停到處找東西的窘境，最佳對策就是徹底實施「物品使用後，立刻物歸原處」以及「回家馬上將重要物品放在固定位置」這兩個動作。

外公總是將他的房間整理得有條不紊，不會讓人感覺是一位獨居老人的住處，而是一個令人心情平靜的恬靜空間。

2 簡化管理資訊的習慣

絕對要分類，而且立刻分類

德語有「Papier Krieg」這樣的說法。意思是「文件戰爭」。文件包括電話費、瓦斯費等收據、摘錄消費明細的信用卡帳單、銀行文件、信用卡公司繳款單、各式各樣寄到家裡的信件……我無法一語道盡這些文件的名稱。為了不被這些文件淹沒，當務之急是必須讓寄到信箱的文件減量，而應該收起來的文件則將它們歸放到指定位置。

在德國獨居的外公看見這類文件時，會仔細一一歸檔。若收到銀行寄來的通知單，他會當場拆封，看過內容之後，先在文件上做備忘記錄，然後馬上歸檔。如此一來即使年歲漸長，容易健忘，也不怕事情一多會忘記重要書信擺到哪裡，隨時可以做好文件管理。

文件一旦堆積如山，就會變得越來越不想整理。為了避免陷入這樣的窘境，我打開信箱收取信件時，會習慣邊走邊拆閱信件，隨手將信件分成「要的」和「不要的」。

首先，我會把從信箱裡取出的所有信件拿在左手，從最上面那一封開始拆開來看，若是廣告傳單等不必要的信件立刻抽出來放到最下面、歸入「不要的一疊」。若是銀行等處寄來的信件則馬上拆封，再將它們分類成該歸檔或付款的，歸入「重要的一疊」（放在不要的那一疊上面）。裝在信封裡的廣告信同樣歸入最下面「不要的一疊」，如果是朋友寄來的信，則拆封只保留信紙，然後歸入「重要的一疊」。利用搭電梯上樓的時間進行信件分類，等到回到家時，已經將所有信件分成「要的信件」與「不要的信件」了。

一進入屋內，馬上把「不要的一疊」全扔進紙類垃圾筒，其中也包括所有不要的信封。

「重要的一疊」回家後得再一次進行分類。電話收據等等的文件放入置物盒裡（如後所述「待歸檔文件」盒），看過的明信片如果有喜歡的風景明信片，就拿來貼在書桌旁的公佈欄上，必須再仔細閱讀的書信就放在桌上，要付款的文件則塞進皮夾裡。總之，從一開始就不讓文件有機會堆積如山。

最容易讓郵件量暴增的原因，通常是曾經消費過的購物中心寄出的商品目錄。除了真正喜歡的商品之外，其餘內容都是多餘的，接收這類目錄不僅浪費地球資源，扔掉它們也得費一番功夫。這時，最好的應對之道就是把郵件寄還原主。某些信我會原封不動、直接在收件者旁邊標明「拒收」，加上簽名後，丟回郵筒，這麼一來，店家會立刻將你從收件者名單中剔除。

收到喜愛的店家寄來的特價目錄我會很開心，只要這些店家繼續保持寄送，即使沒有其他店家的資訊也無妨。畢竟現在是網路時代，隨時可以搜尋到最新的資訊，所以我將想要的資訊限縮到最佳需求。

製作「待歸檔文件」盒

如果重要文件能夠立刻歸檔的話最好，但實際上並不容易做到，因此必須製作「待歸檔文件」盒來收納。我習慣將收到的書信先拆封，取出信封裡的文件進行分類，當中若有需要歸檔的文件，一概先放入「待歸檔文件」盒裡。之後若需要取用某個尚未進行歸檔的文件，就可以來這裡尋找。因為「待歸檔文件」盒裡是放入各種重要文件，因此可以輕而易舉找到。

當文件盒滿到一個程度時，我會把所有文件散在地上進行分類。這比一張一張分類更有效率，對於怕麻煩的我而言，這種方法最好用。

以篩選資訊取代剪貼資料

翻閱雜誌經常可以看到不錯的流行訊息，會讓人想要保存下來，比方看到很想試著做做看的食譜、有用的特別企畫等，假如這些東西都保留到之後再歸檔的話，資料會堆積如山。我發現隨著時間拉長，剪輯下來的資料不是過時了，就是發覺已經派不上用場了，即使耗費苦心完成歸檔，最後的結局往往是直接擺上書架，不再翻閱。

現在，我決定不輕易剪貼任何資料。

至於閱讀雜誌的方式，我會仿效母親的做法。當閱讀到自己有興趣，而且會反覆閱讀的雜誌時，我會隨手將廣告頁或沒興趣的專刊頁面直接撕掉。這麼一來整本雜誌只保留了我想要的內容，頁數減少，資料不會分散各處難以找尋，要看的時候也方便。

隨身攜帶一本筆記本

我出門的時候一定會隨身攜帶一本小筆記本。小筆記本的尺寸比明信片大一點，約莫B6紙張的大小。行事曆以外的提醒事項一律記錄在這裡。諸如拍攝料理的靈感、雜誌上刊載所喜愛的電影之相關資料、約會記錄、匯款帳號、不太需要歸檔卻暫時得帶在身邊的某些商店名片等，全都收集在這本筆記本裡。另外假如有我想保留的報紙剪貼或朋友寄來的漂亮明信片，我也會一併用釘書機釘在筆記本裡。

總之，當我手邊有還不知道該歸檔到哪裡的資料，一概先存放在這本筆記本當中。

看到即將爆滿的待歸檔文件盒，就知道該是分類的時候了。

只收集常用的資訊

我很喜歡看國外的食譜，經常按照食譜裡的步驟試做書中介紹的佳餚，但是某些狀況會讓我覺得很困擾。例如：美國版的食譜所使用的計量單位和我們常用的「公克」、「公升」不同，他們採英制單位，因此每當我想做美式料理時，必須先將計量單位換算成我能理解的單位才行。如果每次做菜之前才上網去查證換算實在很麻煩，於是我製作了一張自己經常使用的單位換算表，並且將它歸檔備用。

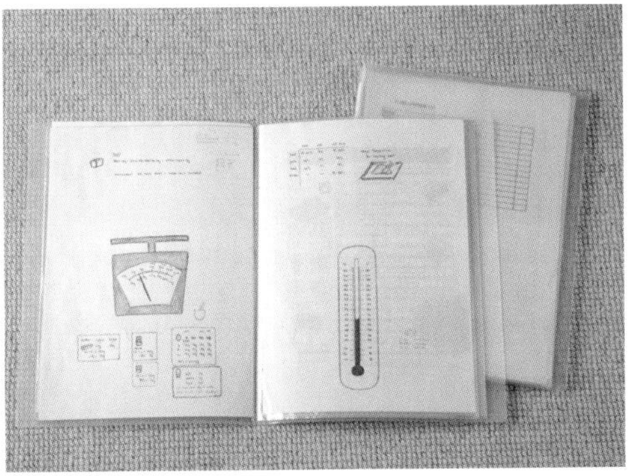

收集外國食譜做菜時所需的資料。圖解更易於理解。

有了這張換算表，做菜需要確認時馬上就能一目了然。假如有新的單位出現，只要查好且換算之後再加進換算表當中即可。其他還有例如：肉塊放進烤箱後溫度要設定幾度烤出來才漂亮？新鮮酵母換算成乾燥酵母的對照公克數，或是外國食譜的材料欄標明「奶油一條」的話，我該準備多少公克比較好等等。我會去收集做菜時使用的各種資料和數據。

不過資料並非越多越好，只收集真正需要的，才是一本便利簿。

做一本專屬自己的食譜

不論是回到丈夫的故鄉鹿兒島省親，或是回到德國老家，只要需要做菜，擁有這本書就能萬無一失。這樣的好幫手就是我的專屬食譜。這本小冊子裡，收錄了許多我經常料理的家常菜。

記得剛新婚時，即使不看食譜，我也能做出不錯的西餐料理，但若要我做日本料理的話，如果沒有食譜，就完全束手無策了。因此我開始動手記錄榨汁方法或馬鈴薯燉肉這類簡易家常菜的做法。這本專屬自己的食譜讓我烹飪時格外便利，之後我陸續在我的專屬食譜手冊中增加許多值得收藏的好菜資訊。

我的專屬食譜裡收錄了包括：婆婆教我做的鹿兒島家常菜、在藍帶烹飪藝術學院所學的法式鹹派、丈夫最愛吃的格子鬆餅以及許多有用的烹飪資訊。

編寫專屬自己食譜的時間點通常是在我反覆做這道菜很多次，知道怎麼做最美味，也確定以後會再做這道菜的當下，才會立刻將烹調這道菜的重點記在我的專屬食譜。若是駕輕就熟的菜，就省略詳細步驟，只記錄材料一覽表即可。

這種只記錄材料的做菜學習方式，源自於藍帶烹飪藝術學院的教學方式。我在倫敦的藍帶烹飪藝術學院上過烹飪課，每次上課都會拿到一張附上料理名稱和材料的紙張。接著你得一面看著主廚做菜，一面將這道菜的做法和步驟自己寫下來。透過這種可貴的經驗，我學會如何用心去撰寫自己看得懂的筆記。

例如製作馬鈴薯燉肉這道菜時，理所當然的事前準備工作，例如：清洗馬鈴薯、削皮、切塊等，還有切法都不難估計，因此只要記錄材料的份量與調味料比例，就能邊煮邊思考最佳的烹調方式而順利做出一道好菜。

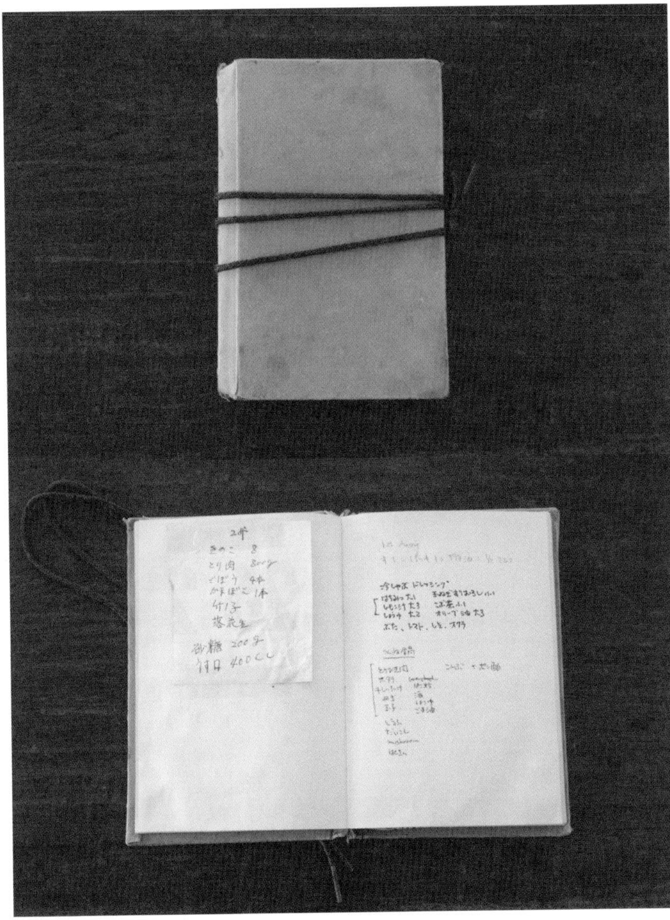

正面是正餐食譜、翻面則是甜點食譜。

將重要的數字密碼記錄在一本管理手冊

我家有一本收錄所有重要數字的管理手冊，內容大致如下：

● 信用卡、護照、日本航空里程卡會員資料所必須記住的數字

● 打電話給德國外公必備的國際時差對照表

● 家人和親友的地址、電話號碼

● 家人和親友的生日表

● 忌日表

● 網路銀行的網址與帳號資料

● 送報公司的電話號碼

● 東京公寓管理人的電話號碼

● 離開東京的時候「得先做的事」之清單（包括清理垃圾、通知停止送報、電話留言設定方式等等）

● 自鹿兒島返家時的「必做之事」清單（包括電路斷路器、熱泵熱水器等）
● 鹿兒島機場停車場的電話號碼
● 機場巴士時刻表
● 搬家時必須申請地址變更的機關清單
● 網際網路服務提供者的聯絡方式
● 印鑑清單（哪顆印章蓋用在哪裡）

有了這本管理手冊，搬家時就會很輕鬆，非常時期只要帶著這本冊子就可以一切安心。

把必須管理的事物減到最低

如果你經常使用的信用卡有好幾張，每個月寄到家裡的帳單肯定不少，相對花在確認帳單和歸檔資料的時間也勢必增加。基本上一張信用卡已經夠用，我個人使用的信用卡則可分為：航空公司累計飛航里程的信用卡、網路購物信用卡和簽帳卡，共三張卡。

我盡量不申請點數累積卡，理由是點數累積卡不一定會使用，卻得隨身攜帶實在很麻煩；同時為了避免想用的時候找不到而產生吃虧的負面情緒。我申請的點數卡只有四到五張，通常都是我常去購物的超市和家電量販店為主。

銀行帳戶如果能區分用途而妥善使用是很好，然而一旦帳戶的數量增加，寄到家中的相關資料必定隨之增加。我家使用的帳戶則分為：丈夫主要往來銀行的帳戶、專門支出生活費的帳戶、網路使用的信用卡銀行帳戶以及我公司的帳戶。

至於水費、手機通話費等需要定期支付的費用，全委託銀行從帳戶中扣繳。這麼一來，不僅可以免去匯款的手續與時間，又能享受折扣，只要看存摺就能清楚掌握每個月的支出狀況，同時也可以取代家庭收支簿，十分方便。

◎德國諺語

以前外公常常在吃飯的時候教我德國諺語。或許是德國是以農業立國的緣故吧，很多諺語都會以動物作為比喻。我發現許多諺語都與整理整齊有關。

其中我記得最清楚的，就是下面這句諺語。

Lerne Ordnung, liebe sie. Sie erspart dir Zeit und Müh.

「學習整理整齊，喜歡上它。你就能省下很多時間和心力。」

我兩、三歲的時候，是由德國的外公外婆照顧，因此在德國生活過一段時間。外公常以生活中的各種題材當作範本，細心教育我。

「脫下鞋子換拖鞋，鞋子同時請收好」、「到家脫外套，立刻掛衣櫥」。

這些諺語聽起來就像有人在一旁殷切囑咐，當時學著吟唱這些諺語只覺得像在玩一般，由於被誇獎時會感到非常開心，於是激勵我更努力模仿外公的一舉一動。即使我長大之後，他依舊經常提醒我，有時會覺得有點厭煩，但我很清楚有些習慣是從小養成的，實在很難改變。想到這裡，不由得就想起這句諺語。

Was Hänschen nicht lernt, lernt Hans nimmermehr.

「小時候沒學的事，長大了也學不來。」

以下再為各位介紹幾句德國諺語。

Was man nicht im Kopf hat, muss man in den Beinen habn.

「不用大腦，只好靠雙腳去努力。」

當我說出這句諺語，彷彿看見外公當年笑著看著我的神情。這句諺語的意思是，沒做好打掃整理工作的人總是到處找不著東西，換句話說只要事先規劃周詳，就能立刻找到想要的東西，不需要費盡心思了。

Wie man sich bettet, so schläft man.

「床鋪得如何，覺也就睡得如何。」

這句諺語多半用來勉勵個人對自己所做的事負起責任。常用來形容當你決定參加超低價旅遊行時，就得做好一分錢一分貨的心理準備；也用在形容人際關係上。用在對於常抱怨丈夫不做家事的老婆身上，則有「這不是今天才發生的情況，早在結婚前就是這副德性了。」這樣的意思。

其實想睡得好，得先買張好床墊，鋪上舒服的床單，每天將床鋪整理好，才能享受舒適的睡眠。

Ordnung ist das halbe Leben.

「整理整齊就是成功的一半。」

勉勵人不要浪費時間在找東西，平常就要整理整齊的意思。

Morgen, morgen, nur nicht heute, sagen alle faulen Leute.

「明天、明天，就是不要今天，所有的懶惰蟲都會這麼說。」

困難的事情最好先解決，況且今天做好的話，明天就輕鬆了。

此外還有，

Wer nicht anfängt, wird nicht fertig.

「不開始，就沒有結束。」

如同這句諺語所言，就算你放著不管也不可能自動打掃好，還不如一點一滴慢慢做，總有一天可以收拾完成。

最後以這句諺語作結尾。

Die Basis einer gesunden Ordnung ist ein großer Papierkorb.

「整理整齊就從有大垃圾桶開始。」

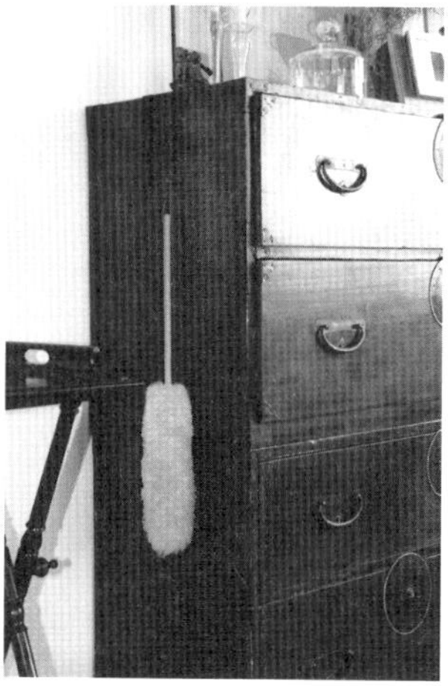

3 保持居處舒適的習慣

家事例行性與工具美化法

做家事不全然是快樂的，光是看到還沒整理的房間就覺得很累了。好不容易結束一整天的忙碌，想好好放鬆，卻看見屋內凌亂不堪，到處都是髒污，讓人很難忽視。家事能做多少都好，畢竟如果居住的空間無法讓自己感覺舒適，一定會令人感到心力交瘁的。

如果能夠讓乏味的家事變成每天的例行工作，不需要思考就能完成，心情一定輕鬆自在。設法讓家裡所有物品都有收納的空間，如此一來就不必擔心東西該收到哪裡去比較好，收拾整理的時候也能夠更輕鬆簡單，不必大費周章而勞心耗力。

最理想的狀態就是讓做家事變得如同每天起床刷牙洗臉這般，再自然不過的例行工作。為了能夠輕鬆簡單做好家事，得從一系列打掃工具著手。選擇工具，不僅要考慮便利性，兼顧物美價廉，同時也要留意外觀和設計感，才能在

上／精美的竹籃用來放待熨的衣物。
下／在陶瓷容器裡裝入清潔劑。這是我看見妹妹用缺角的彩色水壺裝清潔劑時得到的靈感。

各種家事情況下派上用場。

即使不買新的工具，家中現有的物品也會有出乎意料的使用方式。

我家裡有一個大約十年前到泰國旅行時購買的籃子，是以竹絲手工編織成的，長方形且附有提把，當時我一眼看上就喜歡，立刻買下來。可是等我帶回日本，卻發現它的尺寸比我想像的大，擺不進衣櫥，也找不到其他用途。某一天，我終於發現這個竹籃的最佳用途。我把它當成放置待熨衣物的地方。籃子本身手工精美，放置洗好的衣物或直接擺在床邊的架子上都合適，擺著也好看。

另外，我在百元商店購買的陶瓷容器原本是為了其他用途，但是帶回家之後發覺它不符合原來設定的使用目的。本來還在煩惱不知如何處置它時，卻意外發現用它來裝洗衣清潔劑非常合適。於是買來的清潔劑，立刻倒入陶瓷容器裡。白底藍線的容器精巧可愛，每逢洗衣服的日子，把它擺在盥洗室的櫃子上看起來很協調，也讓我覺得賞心悅目。

將麻線裝入紅色的圓形鵝肝醬盒子裡，盒蓋上打個洞，把線從裡面拉出來，方便取用。

清掃廚房使用的小蘇打粉裝在IKEA買來的調味罐裡，好用又美觀。

有效率的保持清潔法

想讓家中常保整潔有兩大重點：收拾整理、有水的地方保持乾淨。每天早晨一定要開窗戶，前一天拿出來的物品一律物歸原處。

將雜誌、書本、電視遙控器、咖啡杯、衣服等物品，都擺回它們原本的地方，前一天坐過的椅子或沙發靠墊都要拿起來拍一拍、整理一下，睡過的床鋪也要在早上整理完畢。最後是確認有水的地方。浴室裡使用過的物品都要放回原處，以自己用過的毛巾將浴室洗臉台的水擦乾，再把擦拭過的毛巾扔進洗衣籃。總之，要將屋子整理到隨時有人到訪都沒問題的狀態，我預計整理所需的時間不會超過三十分鐘。

至於家事，以往我會固定在每週某一天做某件家事。例如週一是洗衣日、週二是使用吸塵器打掃日等等。但是這種做法僅限於可以從早到晚一整天待在家裡的時候。每當有工作安排時，許多家事就會因此耽擱而累積，最後我不得

要回收的空寶特瓶或空瓶罐的固定位置，就是將它們掛在廚房門的把手上。這麼一來，買東西時就不會忘記帶走了。

淋浴後所使用的浴室專用除水橡膠刮刀。

不調整家事的做法。

德國上班族女性持續增加，因此一週只花一天做家事的人越來越多了。據說德國當地的女性一週上班四天，但她們會利用一整天來做家事！於是我效法她們的做法，週一不上班，把整個禮拜要做的打掃、洗衣等家事全部集中在這天完成。

雖然浴室也是一週打掃一次，但為了避免長水垢或發霉，浴室使用完畢之後的除水清潔很重要。不需要過度要求到完美，只要每次使用完淋浴間，將積水擦乾淨，就不需要再事後大掃除了，從結果論來看反而輕鬆。

除水清潔工作首先要用橡膠清潔刮刀將鏡子、牆壁、玻璃上的水漬刮除。接著以吸水性強的抹布輕輕擦拭容易積水的地方，如鏡子底下的溝槽、門的下面、水龍頭等不鏽鋼材質的器具，最後打開通風扇去除浴室濕氣。

或許有人會覺得很辛苦，但這些例行家務其實花不了太多時間。甚至花不到一分鐘的時間，因此我要求丈夫也要在淋浴完畢後順手進行除水工作。一開始他也做得不太順手，但只要多操作幾次橡膠清潔刮刀自然會越來越順手。不管做什麼，只要持續兩週以上就能養成習慣，除水工作也一樣。每天早晨丈夫淋浴後，只要聽見浴室傳出喀嚓——喀嚓——的聲音，我的心裡就覺得很踏實。

整理的基本重點就是將所有物品物歸原處。脫下來的夾克或外套先用衣架掛起來，吊在衣櫥門上的掛勾。靜置一段時間之後再放進衣櫥裡。

擺設物品以方便打掃為考量的原則

舉例來說，將物品擺在櫃檯上，物品四周特別容易髒且堆積灰塵。因此打掃的時候必須移動物品才能擦拭或清潔該處，移動物品的動作其實很麻煩，為求打掃工作能輕鬆一點，盡可能減少擺放裝飾品，同時留意不隨意擺放非必要物品。

我會擺放棉花棒盒在盥洗室的洗臉台上，基本上裡面只放足夠使用的數量，其餘收在置物櫃裡。每天早晨使用完的盥洗用品都收在置物架上。吹風機、牙刷、化妝用具等，全都放在置物架上。浴室也一樣，裡面通常會放的物品是常用的洗髮精、潤絲精、香皂。只用一次且近期不會再用的物品，就收起來。

廚房也採取同樣的處理模式，通常流理台上不擺放任何物品。流理台這個地方空無一物對我來說比什麼都珍貴。不管做什麼事，如果什麼事都被迫從打

洗臉台上只有這些東西。方便清潔最重要！

掃開始做起的話，恐怕連想做的欲望都沒有了。心情好的時候才能立刻開工，因此得注意預留工作的空間。流理台上也可以選擇擺放自動洗碗機，但對我而言，空間比自動洗碗機重要，因此我選擇不放。

此外調味料的種類也要精簡，放自己有把握使用得到的幾種調味料就好了。只要一聞到自己鍾愛的調味料，就會勾起「好吃！」的美食記憶。但是廚房的收納空間有限，不可能收集很多調味料，因此有需要時請盡量找尋替代的材料。

比方做某道菜需要使用紅酒醋，作用是為了取紅酒醋的酸味做調味，我通常以穀物果醋或檸檬汁作為代用品。

如果要用黑葡萄醋的話，可以拿家裡現有的醋加入蜂蜜來取代。如果食譜上寫著要用紅味增，但我家常備的是鹿兒島出產的白味增，我就會拿自製的醋加入白味增來調味。如果食譜上註明要用豆瓣醬，我就會以辣椒或辣椒醬來取代，諸如此類的替代方法。

所謂家常菜正是由於每天味道都有些許不同所以好吃，因此不需要百分之百重現整道菜。雖然買超市現做即食菜很方便，但它們的調味總是一成不變，我覺得很容易吃膩。

提到現做即食菜，我就想到一件事。假如我去超市買現做即食菜的話，就不會把它放到餐盤上，既然是因為太累才會買現做即食菜來吃，就不要再增加洗碗的量了。

寧靜的空間

我家客廳沒有電視。我想或許是德國人天生對聲音很敏感的緣故，日常生活我幾乎不曾將電視或音響打開，任由它們發出聲音。工作室裡雖然有電視，但開啟的時間僅限於晨間新聞和傍晚的休憩時刻，基本上白天維持關閉狀態。開電視的時候我不會邊看電視邊做事，而是會好好坐在電視機前面認真觀賞節目。

在德國生活的妹妹一年前才買了電視機，但據說她也幾乎沒看電視。弟弟則沒有買電視機。外公白天也不看電視（除非有足球比賽才會看）。外公家裡只在餐廳放一台音響，平日只聽音樂過生活。我則是在用完晚餐之後才會打開電視看新聞或觀賞電影，這時我會坐在屋內看電視專用的座位（調整後仰躺著）慢慢欣賞。

在日本，我覺得只要外出，就會有各種聲音傳過來。搭乘電梯有搭乘電梯

客廳裡不放電視和垃圾桶。

注意事項的廣播聲、在餐廳裡有用餐背景音樂、購物中心入口處若有三個不同方向就會有三種聲音朝你而來。

或許是因為從小養成的習慣，我必須在安靜無聲的地方才能覺得安心。只要一打開電視，一半的注意力就會被轉移，這會使我無法集中精神寫作。英文有一句話：「I cannot hear myself think」就是類似這種感覺，吵雜的聲音讓你無法聆聽自己的聲音，不能明白自己的心意。這是很可悲的。只要消除音源，就能讓自己集中精神應對眼前的事務，這樣必能提高效率。

另外還有一項物品是我家客廳沒有的，就是垃圾桶。我家只有三個垃圾桶。或許有人會大感訝異，覺得這未免太少了。其實房屋沒有多大，三個就足夠了。廚房裡有一個主要的大型垃圾桶，洗臉台與工作室的桌子旁各擺一個小垃圾桶。我的工作室所產生的垃圾幾乎都是紙類，因此特別擺了一個紙類回收箱。客廳沒有放垃圾桶，因為廚房就在旁邊，如果有垃圾的話，扔進廚房的垃圾桶就行了。

在網路上搜尋很久，終於找到一個條件完全符合的廚房專用垃圾桶，這是一個高度與櫥櫃流理台齊高，不是塑膠製，而且開口部位能完全關閉的垃圾桶。

插花簡單化

插花真的很美！基於這個理由，我曾去學過插花課。剛開始第一堂課，老師就教我們花的角度要這樣擺，若這樣插的話接下來花要怎麼插，什麼樣的角度才正確……可是，我怎麼樣也學不會。

我家常用來裝飾的鮮花，多半由我的庭院（住的是公寓，其實也不算庭院）所摘來的。把各種不同種類的花，收集成一整束就非常漂亮了，我喜歡這種帶有自然原野風情的氛圍。如果以買花的方式取得花材，一次得挑選很多種類會比較麻煩，這時倒不如同一種花材一次買十朵左右（朵數視價格與握取的份量而定）。

鮮花帶回家之後，我會把它們插在花瓶裡，其實我家幾乎沒有稱得上花瓶的容器，多半是以水罐、咖啡杯代替，將買來的花材通通插進去。若素材只有一種花，只要份量足，數大便是美，插起來也非常美觀，至於長度是維持原來

長春藤盆栽可以折取小段插在杯子裡，或放在浴室裡作為裝飾。

長度還是剪短，則悉聽尊便，隨心所欲。餐桌上的裝飾盆栽則不宜過大，太大會遮蔽視線，導致看不見對面的人，這時我會不加思索地將花枝剪短。或許有人覺得花枝剪短太可惜，其實剪短的花反而可以維持較長的時間。

小雛菊剪短插入小花瓶裡。

動手裱框的居家布置

圖畫若是從畫廊買來的肯定所費不貲。我在無法如此出手闊綽的情況下，只要看見喜歡的風景明信片、照片，或是在市場發現的畫，我會很開心地將這些圖片裱框。

我有一批從柏林的舊書攤挖來的寶貝，是從一本舊圖鑑裡剪下來的花朵圖片，一共十二張手繪的小圖。我在想如果將這些花朵圖片全部裱框，當作擺飾一定很美，於是到百元商店買了一些裱畫用的外框。由於這些圖片是從書本上剪下來的，尺寸都不大，而且形狀各不相同，因此我決定使用軟墊來輔助。將圖片貼在軟墊上再裱框，可以使圖片更具景深而顯得有層次感。至於軟墊可以透過網路向賣家指定尺寸，再下標購買。

這些花朵圖片一一裱框之後，我將它們全部掛在客廳牆壁的一角。掛上去之前，我事先在地板上模擬它們的排列位置，以決定最佳配置。決定好怎麼排

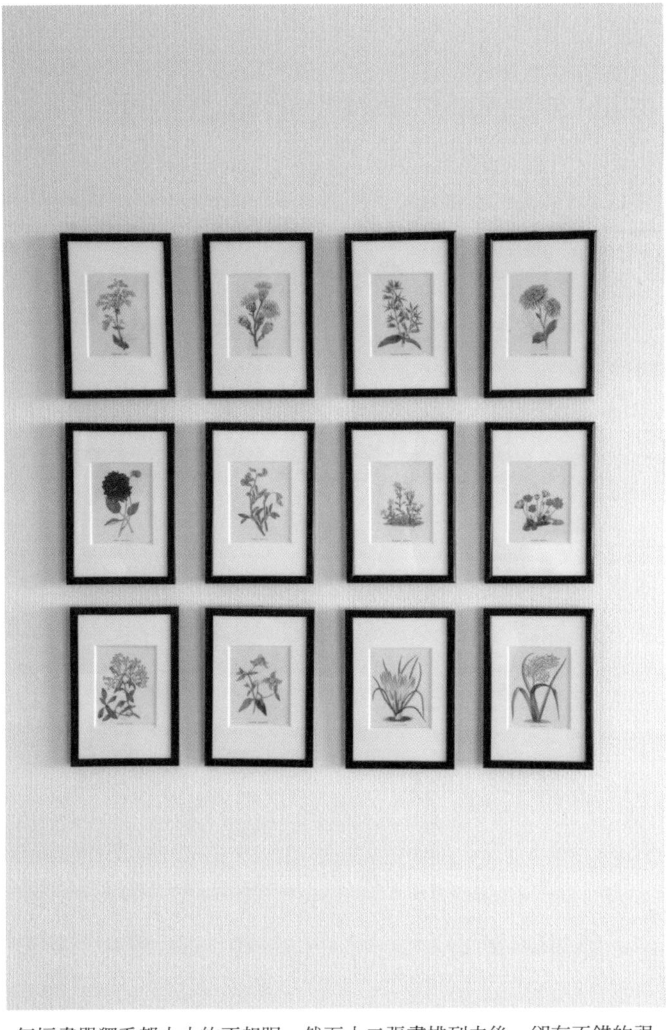

每幅畫單獨看都小小的不起眼，然而十二張畫排列之後，卻有不錯的視覺震撼。

列之後，就將裱框畫一一掛在適當間距釘好的掛勾上。雖然每幅畫單獨看都小小的不起眼，然而十二張畫排列之後，卻有不錯的視覺震撼。

照片我同樣會裱框處理。雖然我不太拍照，但是卻擁有不少具有特殊意義的紀念照。這些舊照片經常都壓在箱子裡，不像最近的數位相片可以保存在電腦裡。但是，再開啟檔案來欣賞這些數位照片的機率很小。為了不想讓人生留下遺憾，因此我會將家人的照片裱框掛在走廊牆壁上當作裝飾。這樣就能每天看著外公外婆的照片而備感溫馨！

還有另一招運用照片來做裝飾的方法。幾年前我曾在一本英國雜誌上看到一張十分喜愛的照片，那是一篇關於某知名義大利主廚回到故鄉義大利旅行，在那裡與全新料理邂逅的專輯報導，刊頭首頁照片的那位老婆婆的神態令我印象深刻，於是將它剪下，長期保存。

那位老婆婆擁有長年揉製義大利麵團的粗壯臂膀，照片裡的她昂首而立，認真地向主廚介紹自己拿手料理所用的材料。從雜誌剪下來的雖然只是薄薄的一張紙，但裱框入畫之後，很有感覺。我將這幅畫裝飾在廚房牆壁上經常欣賞。

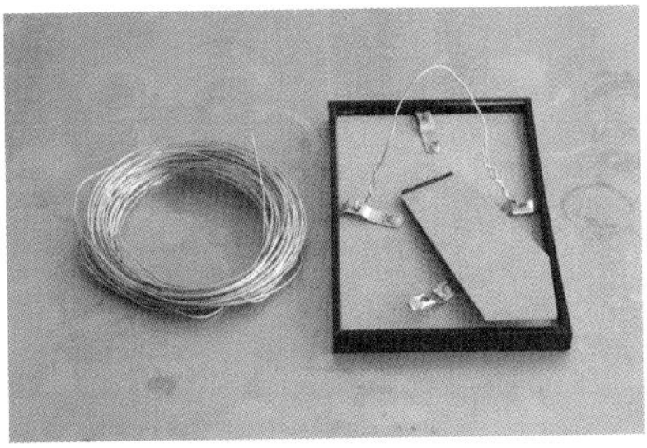

百元商店買來的相框沒有掛繩，用自己家裡的軟鐵絲來當作掛繩。

左 / 掛在走廊牆壁上的親人照片。

我非常喜愛的義大利老婆婆的照片。

家裡不要堆放紙箱

我曾收到像蘋果、橘子這類令人開心的禮物。每當一整箱水果送達我家時，第一件事就是立刻把它們全都從紙箱裡拿出來。自己吃不完的部分就分裝成小包裝，送給鄰居品嚐。這也是敦親睦鄰的好方法。

自家吃不完的水果就用大盤子或籃子堆疊起來，就像插花一樣，把它當成室內的裝飾。不僅顏色美觀，同時能聞到水果的芳香。

水果首重鮮度，收到之後立刻全部從紙箱裡取出來是重點，如果一直放在房屋角落，不知道下次何時才會去打開紙箱了。

新鮮的水果色香味俱全，也可以當成室內裝飾與天然芳香劑。

以小博大

我最喜歡的耶誕裝飾是植物類的聖誕紅。我選購時會捨棄大型盆栽，反而購買大約八至十株小盆栽聖誕紅回家，將它們全放入紅酒冰鎮桶或調酒盆裡來裝飾。

依據選購的盆子深度不同，需要不同深度的置入物，這時可以拿幾張揉成球狀的報紙塞在盆子裡，再把聖誕紅小盆栽放入大盆子裡，讓植物的中心位置稍為突出一些，能營造一種氣派華麗的視覺美感。

以小盆栽聖誕紅組合的插花裝飾。

居家平面設計規劃

每當要搬家或想改變居家氣氛時，總是考慮很多面向。哪個房間要如何分配？各種櫃子要如何使用？怎麼安排會更有效率？是否需要增添其他物品來提升機能等等？這些問題可以交給專家處理，也可以靠自己決定。我會將想得到的事項全列在一本居家平面設計規劃的筆記本裡。若將設計圖等資料畫在紙張上，有時很容易搞丟，因此我習慣採取畫在筆記本裡避免遺失。

我的居家平面設計規劃筆記本中，由正面翻開來看是東京公寓的規劃，從背面翻開來看則是鹿兒島住家的設計。我習慣將窗框大小、桌子大小等容易忘記的尺寸一一量好之後記在筆記本裡。只要有一本筆記本記錄整理起來，就不用在需要時再跑去測量一次。

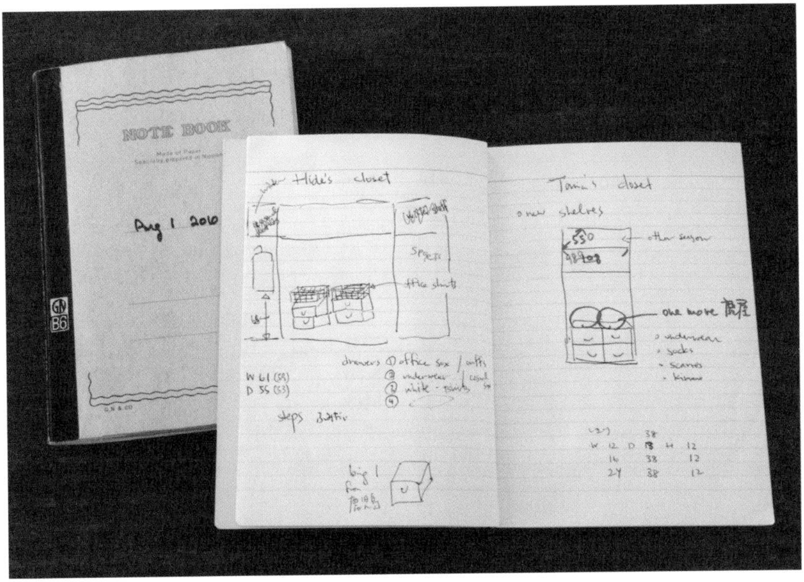

考慮公寓的衣櫥如何使用所做的筆記。

找尋自己最適用的料理工具

方便好用的工具能達到事半功倍的效果。德國也有許多專門販賣方便好用的工具之店鋪，但是不論再怎樣好用的工具，若不經常使用就會變成多餘的。舉例來說，當你想要蒸煮一道料理，對許多人來說蒸煮工具是不可或缺的，但假如你平時很少蒸煮食物，或許可以考慮改用其他物品來代替。大家可以依據自己常做哪些料理來替換所使用的工具。

就我個人而言，削皮器是我不可或缺的好用工具之一。由於德國料理常以馬鈴薯當主食，因此削皮的機會很多，削皮器就成為我廚房裡不可或缺的工具。至今我用過許多不同款式的削皮器，其中我最滿意的是一款削皮刀，它不僅可以削馬鈴薯皮，也可以拿來削紅蘿蔔和蘋果皮。

此外，我經常製作糕點，因此雷射溫度測量器也是我廚房裡的法寶。只要將需要測定溫度的物品放在雷射溫度測量器的前面，測量器對著物品按下按鈕。立刻能測得物品的瞬間溫度。雖然藍帶烹飪藝術學院曾經教導學員一些不使用溫度計的目測溫度方法，但我總是不太習慣。因為不希望糕點製作失敗，有了這個溫度測量器之後，我在製作精緻糕點方面可以立於不敗之地。例如在製作蛋黃醬時，必須在特定的溫度調製才能做出好味道，還有融化巧克力的溫度控制更是不可少。雷射溫度測量器不僅在製作糕點方面很好用，炸食物測量油溫也能派上用場呢！

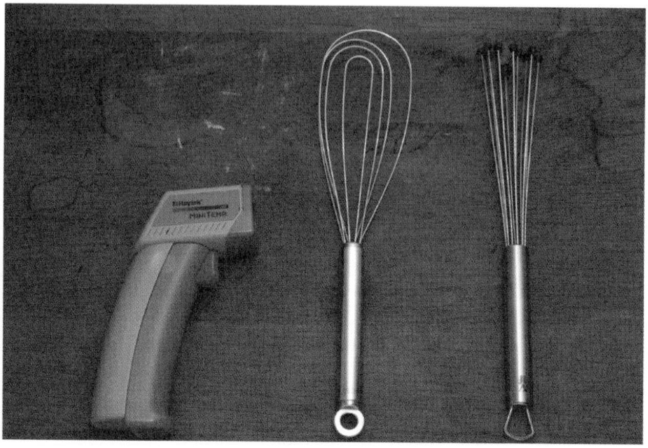

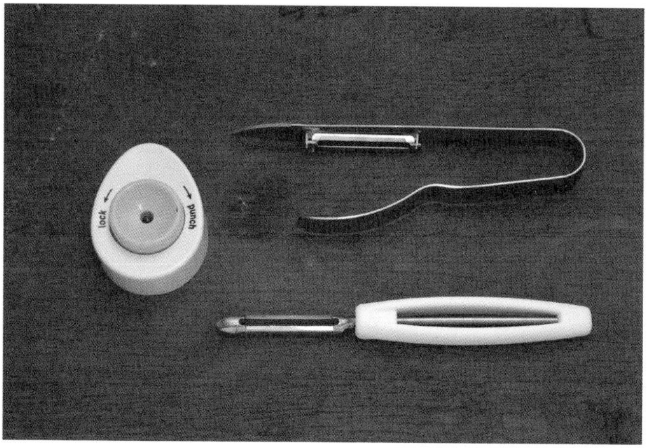

上／雷射溫度測量器（左）、混合少量食材使用的打蛋器（中）、製作濃稠度高的白醬所使用的混合器（右）。
下／用在水煮蛋上開小孔的工具（左）、蘆筍削皮刀（右上）、最愛用的削皮刀（右下）。

冷凍庫的使用方法

依據我個人經驗，若沒有特別目的而製作的食物，一旦放進冰箱的冷藏室或冷凍庫裡，結局就是忘記它的存在，最後下場大部分是丟掉。我通常會依據當週能吃完的份量來製作。除非我要到外地旅行或長期不在家必須替丈夫多準備一些冷凍菜，或是隔週想要烤披薩時，我才會多做一些菜預留並冷凍起來，總之我會在有清楚目的之情況下才動手做菜。

冷凍庫基本上只當作暫時保存食材的地方。比如東京買不到的竹筴魚乾、鹿兒島做的手工餅乾或冬天才吃得到的甜橘等，這些一時難以買到的食材都可以先冷凍起來，等到要吃的時候就能方便取用了。早餐吃的土司我會去喜歡的麵包店，買一整條添加酸味菌種的土司，回家切成薄片之後，直接送進冷凍庫保存（為了避免脫水，必須用夾子將封口處密封）。要吃的前一天再從冷凍庫拿出來自然解凍，或是要吃當天直接從冷凍狀態放進烤箱裡烤熱即可。

我也經常將奶油冷凍備用。一般我會去專賣店購買幾條大包裝的起司（四百五十公克），再依據用途將它們切成小塊分裝冷凍。若要拿冷凍後的奶油做糕點的話，要特別注意一定要多點時間讓它們徹底解凍後再使用。因為冰冷的奶油不容易做出漂亮的蛋糕體。

我會常備於冷凍庫的食材，還包括冰凍的培根肉和鹿兒島買的薩摩魚餅。培根肉買來之後，我會先分裝成每一百公克一袋的小包裝再冷凍，這樣使用起來比較方便。我經常將培根肉用在德國風味的湯汁調味上，與其扮演相同角色的還有薩摩魚餅。在烹調食物時，若遇到口味不夠重的情況，適度加入培根肉與薩摩魚餅能讓料理呈現更具深度的風味。

培根肉除了可以用來做培根煎蛋、炒飯、義大利麵、德式馬鈴薯之外，也能加入湯汁一起燉煮，另外把它煎成焦焦硬硬的脆片，還能加進沙拉裡當作裝飾。至於薩摩魚餅可以直接放進烤箱裡烤來吃，也能加入拉麵當裝飾，加入中式風味的湯品也很美味喔。

我家必備的食材：培根和薩摩魚餅。分成小包裝後再放入冷凍庫。

冰箱上方掛的是橡皮筋。除此之外冰箱門上沒有貼任何東西。

香料與夾土司的起司、火腿類放入同尺寸的容器裡常備使用。

※培根蔬菜義大利麵

這道料理適合放入任何蔬菜來烹調。除了材料表的蔬菜，另外像高麗菜、紅辣椒、夏南瓜、茄子、蔥、綠蘆筍、玉米等食材，也常出現在我冰箱的冷藏庫裡。

■材料（二人份）

義大利麵…120g
培根…40g
甘藍菜…1/4棵
洋蔥…1/4個
香菇…3朵
番茄…1個
紅蘿蔔…1塊
辣椒…1根
橄欖油…4大匙
帕爾森起司…2大匙
鹽…適量

■做法

一、義大利麵煮到尚有嚼勁的程度。煮熟前五分鐘加入甘藍菜一起煮。撈起後稍微甩乾水分。

二、培根切成寬一公分的長條。以大平底鍋燒熱橄欖油（兩大匙），加入切成細末的洋蔥炒至柔軟狀。香菇去蒂後，切成寬一公分大小，放入一起拌炒。再加入紅蘿蔔與去籽辣椒拌炒至香氣出來。番茄去蒂後對切成半、加入同炒。加鹽調味。

三、將義大利麵加入步驟二的所有菜料裡，再加入帕爾森起司、一點麵湯汁和剩下的橄欖油（兩大匙）仔細攪拌均勻。

※薩摩魚餅炒時蔬

特別適合與牛蒡、蓮藕一起拌炒。

■材料（二人份）

薩摩魚餅…2片
紅蘿蔔…1條
芹菜…1根
醬油…1大匙
砂糖或味醂…2/3大匙
沙拉油或芝麻油…少許
芝麻…少量

■做法

一、薩摩魚餅切成薄片。
紅蘿蔔切細絲、芹菜去粗纖維切薄片。

二、平底鍋加入沙拉油熱鍋，加入薩摩魚餅與蔬菜同炒。
加入醬油、砂糖調味，紅蘿蔔若較硬可加入少許酒或水讓它熬煮至軟硬適中。

喜歡的東西可以自己動手做

東京的住處是租賃的公寓。因為不可能永遠住在那裡，我沒有花太多錢裝飾房子。不過即使是暫時居住，也不希望住起來不舒服，所以我還是盡量自己動手進行一點小改裝工程，讓生活過得舒適些。

※符合窗框大小的羅馬簾

房間想要掛羅馬簾，不過若特別訂製很昂貴。這時IKEA就派上用場了。我買了三套羅馬簾並排掛起來，量好窗框寬度後，鋸斷羅馬簾上方過長的桿子。為此我雖然買了一把專門用來鋸斷金屬的特殊鐵鋸，不過還是很划算。最後我家終於有一面完全符合窗戶尺寸的羅馬簾了。

※白板

我經常會收到來自家人、朋友及朋友小孩的信件或明信片，看完後立刻扔掉實在很可惜。我不會全部留下來，重要的書信我會收藏到箱子裡。其餘的就挑選一些貼在白板上。

白板是用軟烏木噴上白漆製成的。原本買來的軟烏木材質是淡褐色的很醒目，我把它噴漆成白色，配合我家的白色牆面。

每當我坐在桌前，貼在白板上的風景明信片和照片旋即映入眼簾，我可以由衷感受到對方的心情，這種感覺實在很幸福。

若有新信件想貼在白板上，只要取下舊的替換即可。

※在箱子上貼標籤

將預先買來存放的卡片、明信片、印表機墨水匣、DVD空白片等瑣碎物品都適合收納到箱子裡。可以使用空箱子，而我個人則偏好使用有標籤的箱子。

若一次擁有幾個相同的箱子，可能會忘記東西收到哪個箱子裡了，因此最好能立刻貼上可以填寫內容物的標籤。但是有附標籤的空箱價格昂貴，於是我到IKEA買了平價沒附標籤牌的箱子，再自己動手做標籤。

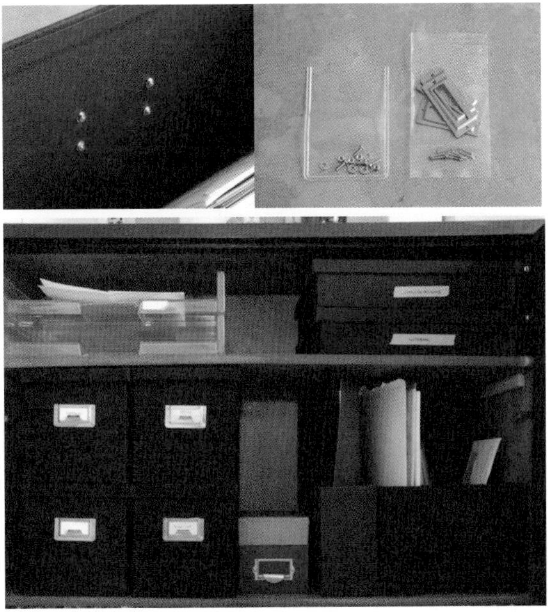

（左上）從箱子內側栓緊螺絲。（右上）手創館買的金屬標籤片和螺絲。
（下）在IKEA買的箱子加工做成可放標籤的箱子。

※隱藏電線的辦法

我最討厭的東西之一就是電線。

我們生活中充斥著各種電器用品，不論走到哪裡都有電線垂掛在旁，這一點令我很在意，於是我會設法隱藏電線。

比方說放在廚房角落的桌上有電水壺，我便在桌腳釘上能鉤住電線的鉤子這樣電線就可以沿著桌腳緊密貼合。處理電腦或印表機的電線時，則在旁邊的書架上直接開個孔，讓電腦及印表機的電線全隱藏於書架後面。

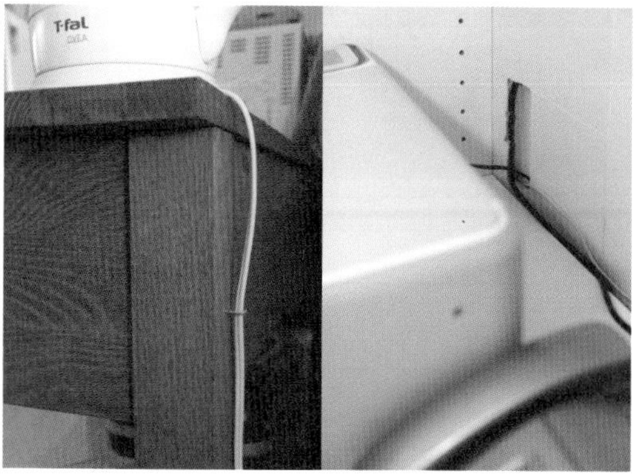

◎新生活運動

自古以來，德國人非常重視森林，與森林朝夕相處。然而讓德國人的生活產生大轉變的是，從十八世紀至十九世紀興起的工業革命。

拜工業革命之賜，昔日經歷農村生活的人們紛紛進入工廠工作，形成都市化的效應。快速工業化的結果，導致人類的生活環境變得越來越惡化。狹小的屋子裡擠進許多人共同生活，食物匱乏，難以歇息。人們生活在惡劣的環境中。

其中，各種領域都有人廣泛發起改善生活運動。這些運動稱為「新生活運動（Lebensreformbewegung）」。德文直譯的意思，就是「生活改造運動」。

在這波運動中，有一群人訴求西裝應該改變成更開放性的設計，主張人類應該生活在自然環境裡。此外，他們認為人體有自然療癒的能力，不能僅依賴西方醫學，說服大眾多吃健康的食物（盡可能是蔬食），以自然能量的治癒力來治病，其中有些人推廣使用香草。

日本知名的有機保養品薇莉達（Weleda）、教育學者出身又致力於無農藥有機栽種法的史坦納博士（Dr. Steiner）、專賣沐浴鹽的克奈浦（Kneipp）以及有機保養品牌德國世家（Dr. Hauschka）等等，都是代表性的推廣者。

孩童時期，我常去一家稱為「德風健康館」（Reformhaus）的商店購買雜糧麵包和香精油。現今這間商店在德國有許多連鎖店，專門販售天然食品與化妝品，另外他們在德國街頭大型連鎖超市也擁有不少店舖。

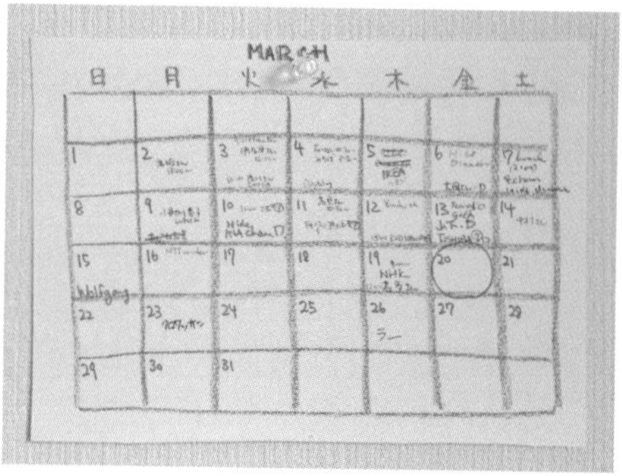

自己動手做從週日開始的簡易行事曆。

桌旁掛鉤掛著購物用的編織袋。

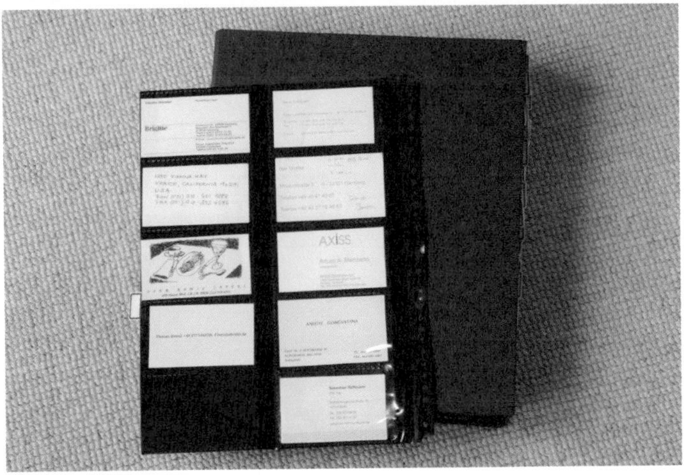

上 / 收納書籍的扁平箱貼上膠帶當作標籤來標示內容物。
下 / 將名片收納在名片活頁裡，存檔在布質封面的活頁資料本。

倡導「新生活運動」的激進者紛紛加入綠色組織，向重視環境保護的德國人灌輸這個概念，也繼續傳承新生活運動。其實這個概念也是基於德國人原有的生活方式。

每當我與外公一起走到森林時，他經常這樣說：

「要大口深呼吸，讓新鮮空氣送進肺葉每一個角落喔！」

當我身體不舒服時，他常對我說：

「拿熱水袋熱敷身體吧！多喝花草茶！好好放個假讓身體休息吧！」

小時候，我並不知道這也算新生活運動，但是從外公外婆和母親的教導，自然而然承襲了這些觀念。

在此我介紹一些關於新生活運動的概念。

- 攝取營養食物
- 呼吸新鮮空氣
- 照射日光

●適度運動
●冷天鍛鍊體魄
●喝乾淨的水
●學習正確呼吸法
●珍惜寧靜時刻
●整理思緒，每天保持情緒穩定

最重要的是，在生病之前先努力維持身體健康。不僅要身體健康，心靈的健康同樣也很重要，要將目標設定在保持身心平衡的最佳狀態。

對人類而言，最重要的是生活步調。所謂日出而作，日落而息。身體狀態不太好的時候，以熱水袋和冰枕交替敷在身上可以激發自然療癒力。為了工作與玩樂而活動或動腦固然重要，但是給自己寧靜時刻也同樣重要。

透過各種意義傳達維持均衡的重要性。

たにあ

4 創造個人風格的習慣

衣服風格上不迷失

女性的流行世界極為廣闊，雖然新鮮有趣，但相對地也容易被流行趨勢所影響。不能堅持自我風格的人，往往容易迷失在其中。我並不討厭流行服飾。穿漂亮衣服能令人心情愉悅，外出時也能展現個人風采。但是我總覺得耗費時間精力去翻閱服裝雜誌或逛街尋找合適自己的衣服，其實是一件蠻累人的事。

為了減輕選購服裝的壓力，我給自己訂定一些規則。一是鞋跟的固定高度。基本上我習慣穿平底鞋。除了參加宴會例外，一旦決定好鞋跟的高度，褲子的長度也能夠確定，有助於我選購長褲的款式。

不論再怎麼謹慎選購服飾，衣服的數量依舊會不斷增加。一旦累積到連自己都無法計算的數量之後，恐怕會連放到哪裡都不知道，尋找時會造成極大壓力，因此我決定以衣櫥的空間來考慮採購的數量。

一年兩次，每逢衣服換季的時節，我會重新審視自己的服裝，將不穿的衣物處理掉。丟棄的理由很多：可能是高價買來卻穿不到的衣服、很喜愛也經常穿但現在腰圍不合的衣服、耗損過度的衣服等等。如果不適度丟棄或處理掉一些衣物的話，衣櫥恐怕會塞爆，因此如上所述的衣服我通常會當機立斷丟棄或送人。只要衣服的數量減少，肩上的壓力彷彿也卸下了。

我喜歡穿平底鞋。喜愛的芭蕾舞鞋款式會黑色、咖啡色各買一雙。

固定風格的服飾在四季的變化

所謂的穿衣時尚在德國並不風行，不論你到哪裡，遇到的人大多擁有自己的服裝品味，大多數人穿著簡單樸素。基本出發點以乾淨、整潔為美。我小時候個子長得高，當時沒有適合自己尺寸的衣服和鞋子，因此造就我有某種情結。我不喜歡風格特殊的服裝，多半選購基本款服飾，基本款剪裁簡單俐落反而好搭配，我選購的衣物以能夠耐穿數年，並且可以搭配任何色系的絲巾為主。

依據你生活型態的不同，得變換必備的服裝。在公司上班時期的我幾乎只穿套裝。但目前我的生活已經很少需要穿套裝出席的場合了，大部分時間都花在進出廚房和攝影作業，因此得穿著舒適俐落，而且易於清洗的衣物。偶爾遇上需要出席公開場合時，也需要一些能吸引目光的亮麗服飾。我認為還是得準備幾套適合出席類似結婚紀念日等等特別之夜的服裝。在此向讀者介紹我的衣櫥。

這是我所有的衣物。最上面的兩層放的是非當季衣物。一年會交換兩次位置。

◎春

春寒乍暖的時節裡天氣總是忽冷忽熱的。這樣的美好季節正是轉換心情的好時刻，應該把深色的厚重冬衣收起來。我會特別為這個時候買一件初春薄外套。選擇適合全年穿著的米色系也不錯，因為我的雨衣是黑色的，所以最後我選購了嫩綠色的外套。這個顏色讓我感覺很清爽。

我的基本款服飾通常是方便活動的棉質卡其褲裝。這種質料春、夏、秋三季都可以穿。上衣則會選擇單色、無花紋、可以洋蔥式重疊穿法的款式。我有很多件不同顏色的七分袖T恤。天氣寒冷時穿在裡面，天氣較溫暖的話則直接單穿。有點涼意時再穿上外套或重疊穿兩件，顏色重疊的穿法也很有趣味。

這季節還是脖子會有涼意的時期，但是圍冬季的圍巾稍嫌厚重，我有好幾條春季的絲巾。外出時我會穿黑色的八分褲搭配平底鞋。另外，我也有白色和米色系的夾克。

◎夏

夏季服裝以T恤配棉質卡其褲為主，外出辦事與春季一樣，穿著八分褲搭配平底鞋。穿著白T恤，脖子圍上一條絲巾就能帶出華麗的風格。至於包包也可以搭配亮麗多彩的款式，樂趣無窮。上半身穿著輕質涼爽的彩色上衣，下半身搭配固定的基本款長褲，外出時再稍加變化即可。

◎秋

基本上與春季相同也是洋蔥式重疊穿法。套上一件輕薄的羊毛衫就很實穿囉！洋蔥式重疊穿法也適合一般外出場合，搭配絲巾和包包就能展現不同的風貌。因此我有很多條適合冬天圍的圍巾。只要脖子圍上圍巾，溫暖度就大大不同。

腳上穿的一定是好走的平底鞋，方便行走對我來說特別重要。若是遇上必須穿上美麗鞋款的場合，我會先穿運動鞋赴約，等到達飯店或目的地時再換上美麗的高跟鞋。

◎冬

冬天是以德國風為範本。在德國我學習到鞋子和外套的花費是不能省的。唯有如此，人們才能溫暖過冬，看起來也體面。德國比日本更寒冷，禦寒對策首重厚底靴，尤其能包覆腳踝甚至腿肚的長靴，另外能覆蓋到腰部的外套也很重要。我的固定穿法是在平時穿的夾克之外，再套上大衣，也會穿上方便走路的長靴，最後再搭配圍巾增添風采。

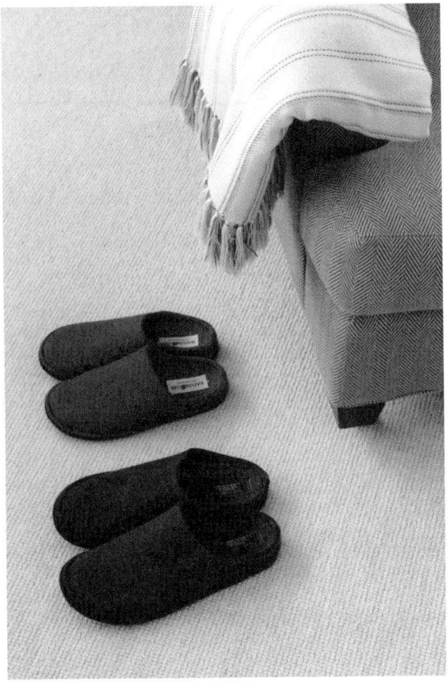

冬天穿著毛氈室內鞋。腳溫暖了，全身也跟著溫暖。

我的圍巾有各式各樣的花色。通常一年自行清洗一次。

不配戴飾品

有一位瑞士籍友人邀請吃飯，我和丈夫連袂出席。落座時，宴會主人的視線投向我們兩人的手腕，問：「你們不戴手錶啊？」我不知道瑞士是不是有出席受邀場合一定得佩帶手錶的禮儀。

現在我不只手錶，連一般飾品也沒有配戴。剛結婚時還會戴訂婚和結婚戒指，現在已經全部拿掉了。取代飾品，常出現在我身上的，變成圍巾。

基本上我會選購耐穿實穿的服裝，以圍巾來做為色彩的點綴，因此圍巾的數量不少。即使樸素的衣服只要搭配漂亮的圍巾，整體形象與氛圍就能煥然一新，變得華麗，也不必擔心尺寸不合的問題。使用上不僅沒有場合的限制，也沒有退流行的問題。因此丈夫出差時都明白若要帶禮物回來，買條圍巾準沒錯。

衣服配色時，可以善用圍巾。你可以拿一條有圖案的圍巾，依據它上面包合的色彩來選擇衣服。像紫色和綠色，乍看之下並不搭調吧？若要組合這類的色彩時，可以在紫色毛衣外套上綠色外套，再圍上兼具紫綠二色的圍巾，就有整體感了。

不拘泥化妝品牌

我的母親是德國人，母親在洗臉台前的保養程序很簡單。先洗臉、洗手，再用蒸熱的毛巾敷臉，最後從大罐妮薇雅乳霜中挖出足夠份量，仔細塗抹在臉上、手上和嘴唇。她不用化妝水，也不在早晨化妝，整理儀容奉行簡單清潔的原則。

德國人喜歡自然原貌。時至今日，德國女性依舊是這樣的觀念，在二十年前德國人就認為比起穿泳裝，還不如呈現自然的人體來得好，因此早在當時它們就以這種姿態去海邊了。上空並不是特定人士的權利，只要你喜歡也可以這麼做。

母親在六十歲生日即將到來的某天，對家人表示：「今年我想去上空沙灘慶祝我的生日。」家人雖然冷淡回應：「想去的話就去啊！」但實際如願以償走一趟上空沙灘慶生之行的母親告訴我：「感覺好開放，真是極好的經驗！」

這是大姑朋友自製的禮物，天然絲瓜水每年顏色都稍不相同，很有趣。

或許是受到「自然最好」的價值觀影響，我在使用化妝品方面完全不受限制。保持清潔是必要的，過度化妝反而會讓皮膚的狀況變差。

我早晚例行的保養程序很簡單。洗臉之後我會拿大姑朋友送的天然絲瓜水塗抹全臉之後，再擦上德國購買的有機天然保養品牌的乳霜。早晨我會特別針對容易發紅的中央部位，塗抹上含有調和膚色成分的妮薇雅乳霜，再畫個眉毛即可。總之，要經常保持皮膚能夠自然呼吸的狀態。

皮膚的保濕很重要。與其使用一大堆高價化妝品，我認為倒不如每天持續做好皮膚保濕工作來得重要。

自助餐取用的禮儀

有一部電影「高斯福莊園」（Gosford Park）（二〇〇一年）。劇中以一九三〇年代英國郊外的鄉村別墅為舞台，描寫貴族與傭人的故事。電影裡有一幕場景，是一個美國商人從屋內下樓要去用早餐，而走入萬頭攢動的人群裡，那個場景令人驚訝。看過這部電影的英國人表示：「英國紳士不會讓別人伺候早餐的。因為我們會以自助餐的方式來選擇想吃的食物。」

享用自助餐，每個人可以隨心所欲，挑自己喜歡的料理開心享用，它的魅力也在此。完整一套西餐料理是由冷盤前菜、溫熱前菜、湯品、沙拉、義大利麵、然後主菜像是魚肉等肉類料理、最後才是甜點和咖啡，與我們平時吃全餐一樣，每道餐點依序上桌。

首先，我會先不拿盤子，到自助餐的供餐台繞一圈，看看有什麼菜色。接著再選擇搭配自己的餐點，依序取用前菜、主菜、甜點三盤，這是比較聰明的吃法。因為是自助餐，就算多次去供餐台上取用菜餚也是合理的事。

將盤子裝得滿滿得像一座山放在桌上，還沒吃完又去拿其他菜的吃法實在不美觀。基於得起身多次去拿菜很麻煩的理由，一開始就去拿好幾盤菜回來擺在桌上，或只靠太太一個人來回，拿取自己及家人的部分，這些都不是有格調的做法。當然若肚子餓，可以前菜取用兩次，主菜吃兩次也無妨。然而裝盤的份量太多，看起來就不精緻美味了！

用餐的禮儀還有一項。比方拿咖啡杯或玻璃杯時，常見到不用單手，而以雙手棒杯的動作。像這樣以手棒杯的行為看起來很孩子氣。就像無法單手舉起杯子的小孩子才會用雙手捧杯的感覺。當侍者替你倒啤酒時，以手扶杯子帶有向對方表達acknowledgment（感謝）之意，但接過對方倒的酒來喝時，就不該再用雙手捧著喝了。

禮貌就是「不讓對方感到不舒服」

丈夫遠渡美國展開大學留學生涯的時期，據說生活上最讓他緊張的是吃飯這件事。

提到餐桌禮儀，我們會想像一張桌子上排滿刀叉的情景，取用時要由外而內依次使用才是應有的餐桌禮儀，但是這個規矩是指受邀前往貴族舉辦的晚宴。平日生活並沒有這些禮儀限制，完全不需要掛慮。

日本的餐桌禮儀和西歐國家的餐桌禮儀基本上相同。一起用餐時只要留意避免讓同桌的人產生不舒服的感覺，能做到這一點就足夠了。話雖如此，但實際上是否會覺得不舒服，取決於文化差異。一般德國人的家庭，母親教育的餐桌禮儀如下：

首先，最沒禮貌的行為就是用餐時發出聲音，這是非常沒有品味的舉止。聲音包括啜飲湯汁的聲音、食物含在口中發出含混說話聲、餐具敲擊盤子的聲響等等。當你將食物送入口中時，假如正好有人問話，請以手遮口，用眼神示意請對方稍候一下，等你嚼碎吞下食物之後再回答，這樣才有禮貌。

人與動物最大的不同，在於人會使用工具吃飯。用手（吃帶骨的肉類除外）抓取食物或是以口就碗盤等動作基本上一律禁止。孩童時期的我，經常急著吃完盤子裡剩下的最後一口食物，就會直接用手把食物叉在刀叉上來吃，因此被大人糾正過無數次。所以用餐時要留意先將食物切割成易於入口的大小再食用，吃生菜時，同樣也要使用刀叉將食物送入口中。

用餐時坐在椅子上的姿勢要端正，端坐面向正前方，雙手要放在桌上。將手藏在桌子底下，彷彿你想做什麼壞事似的，因此規定雙手要放在眼睛所能及的地方。

想讓自己更有自信使用刀叉的最佳祕訣，就是去歐洲的餐廳觀察別人的使用方式。餐廳是最能見習到優雅人士的舉止之處。至於刀鋒要朝上或朝下，這類比較細節的禮儀則是依據國情各有差異，這都是晚宴才會遇上的問題。平日用餐的話，知道大致上的餐具排放方式就可以了。

在歐洲，擺盤是叉子在盤左方，刀子在盤右方，甜點用的湯匙叉子則是在盤子上方。刀叉按照擺放的順序使用，不可左右手對調順序。但是美式用餐禮儀則允許在切割食物後，將叉子換到右手以方便將食物送入口中。

在西歐，即使是在拘謹嚴肅的高級餐廳，很意外地大家仍能自在享用美食。觀察各種人的做法，只要掌握到別讓對方感到不舒服的個人風格就沒問題了。擁有個人風格，你就能有餘裕充分享受用餐的樂趣。

叉子放在盤子左邊，刀子放在盤子右邊，甜點用的湯匙則放在盤子上方。

◎德國人的休閒生活

對德國人而言，休閒時光極為重要。即使熱衷工作的人也深信唯有充分休息才能徹底充電、恢復活力。德國上班族每年有三十至四十天的有薪休假，而且人人都認為把假期消化完畢是理所當然之事。

假期的使用方法，基本目的是要讓身心靈回歸平靜。如果有個長達二至三週完整假期的機會，德國人大都會前往位於湖光山色而且很寧靜的養生度假中心（長期停留居住的處所）。在那裡可以不花錢自己野炊、運動、閱讀，與家人共度這段怡然自得的時光。

如果有小孩的家庭，學校的假期主要有暑假與寒假這兩個長時間的假期。德國學校的假期採取機動調整的方式，不同州的暑假或寒假時間會錯開。我小時候這些休假日程表會刊登在雜誌上，現在則設立專門網頁公布，可以自己上網查詢居住的州所屬的春夏秋冬各時期的休假日預作安排。

德國陸地與許多鄰國接壤，因此以車輛代步的移動人口極多，如果大家都擠在同一時間出門的話，高速公路肯定大塞車。將休假日錯開，不僅可以紓解交通流量，也方便民眾安排假期。

另外，巴登州是德國中部的避暑勝地，每年暑假都會湧進眾多遊客到訪。傳統上每年都會視情況最後才能決定要如何安排暑假。因此巴登州有許多私人經營的民宿因應而生，每年假期的變動對於接待者與被接待者來說都是一件辛苦的事！

5

培養寧靜心靈的習慣

穿越斑馬線不要奔跑

約會時如果快遲到了，一般人通常會小跑步趕赴會合的地方——當然沒有人喜歡遲到，但是既然已經遲到也就沒辦法了。穿著正式服裝小跑步的姿態不美觀，況且也不能改變讓對方等候的事實。先以電話告知對方將延遲抵達的訊息，然後鎮定行動。

過馬路也一樣，斑馬線是讓行人優先通行的。既然是行人優先就不需要擔憂車輛的狀況而跑步穿越，大可以抬頭挺胸，昂首闊步向前行。

歐洲人對於內八字站姿的人多半給予內向木訥的評價，覺得可能問他什麼也答不出來。重視自我主張的西歐，不論女性或男性都可以光明磊落大步走，大家都是昂首闊步向目標邁進。

目的性購物

當你閒暇走在街道上時，四周櫥窗的視覺刺激立刻洶湧而來。我很喜歡欣賞它們，但是除非我有採購需求或想加深對某商品印象時我才會去看，不然我會避免去接觸它們。因為我認為逛街是很累人的事。

在店裡看見商品時，人的大腦經常想著：「漂亮？不漂亮？想要？不想要？」如果遇上喜愛的物品，確認過它的價格之後，「價格合理嗎？要不要買下來？不、不要，我想還是不適合，現在不買好了！」等等思緒又開始在心裡不停煎熬著。

店內的商品只要有錢就可能得手。因此若真的想放鬆，就算遇到想要的商品也不要去買，若想觀賞美好的事物，或許到美術館看展覽更合適。美術館裡的各種藝術品所散發的美感，更令人傾心。

知足

這是一位印度籍版畫家友人來日本旅行所發生的事。她對我說：「明天要去銀座，所以想順便搜尋附近美術館或美術展的相關訊息。」於是我替她找了許多地方，並考慮各種前往的可能路線。

當天，我帶她參觀的第一個展覽就讓友人激賞不已。負責導覽的我當然非常開心，於是不假思索對她說：「那我們接著去下一個展場吧！」結果她向我表示：「今天這樣就好了，剛才的展覽已經令我非常滿足了。」「要是再看的話，我怕會忘記剛才參觀時的感動。若不是最初看的展覽讓我那麼感動的話，我會想再看看其他的。」她的想法正是指一天之內心中所能消化的感動量有限。

於是我們中午結束這次的參觀行程，然後一起去喝個下午茶，再到皇居附近散散步，悠閒度過這一天。

不被廣告迷惑

德國人是一個多疑的民族，很多情況下心裡都會有「別被騙了」的感覺。面對廣告也同樣如此思考。的確，如果沒有廣告，我們會不知道世界上有什麼樣的商品，它們有什麼特色，或許選擇的範圍就會變小。但廣告終究是為了銷售商品而宣傳的，以德國人的思考邏輯不可能這麼輕易相信廣告。不論廣告裡如何強調衣服的優點，並不保證自己穿起來一定會像廣告裡所說的那麼舒適。因此得靠自己判斷其款式是否適合自己。

有品牌的服飾品質通常比較可靠。不論材質、觸感、色彩、設計方面，若有合乎自己個人風格與尺寸的品牌，倒是可以安心購物的優良選項。不過也不需要限制只購買同一個品牌的商品，不妨憑藉自己訂定的標準來選購，創造最適合自己的風格。

隨著年齡增長，喜愛的品牌也會跟著改變。只要找到適合自己年齡的穿衣風格，搭配起來就輕鬆多了。

品牌的品質靠內容決定勝負。即使是我喜愛的品牌，但若它的商標做得過大的話我也不喜歡。我認為沒有必要成為某個品牌廠商的活動廣告。再喜歡的長靴也一樣，若它的品牌商標圖案在明顯處的話，我就不會想穿它。

自己收拾善後

我八歲那年，曾在德國外公外婆家住了一年，並且參加學校舉辦的暑期旅行。我們從家裡出發，驅車前往八百二十公里遠的目的地，投宿在位於法國境內橘郡街道上的旅館。那是一座美麗而古老的城市，在那裡我享用了一頓令我至今難以忘懷的美味早餐，我吃到有生以來最酥脆可口的牛角可頌。

早上起床梳洗過後，當我正準備離開客房前去享用早餐時，外婆怒氣沖沖地叫住我。我當時不知道做錯什麼，結果原來是因為床鋪弄得一團亂卻要離開才會被斥責的。

「雖然女傭的工作是打掃房間。可是妳想想，人家看見妳亂七八糟的棉被會怎麼想？」

外婆並不只是命令我整理床鋪。她是要我思考自己使用過床鋪，得自己將棉被攤平整理好，對折鋪在床鋪後半部，因為稍微用點心就能讓打掃的人工作起來心情愉快多了。

妹妹年輕時，和其他人一起租屋共住，不只女生，也有男生會來借住房間。雖然每個人都有自己的臥房，但廚房、廁所、浴室、客廳屬於共同使用的區域。不過每個人都會自己收拾乾淨，因此沒有任何不愉快的經驗。

在德國家庭，會從小培養並訓練孩子必須自己收拾善後的習慣。不分男女，都由母親嚴格要求。刷牙時若牙膏沫飛濺至鏡子上，一定要自己用手或擦過臉的毛巾擦拭乾淨。使用完浴室和廁所之後，離開之前務必要稍微巡視一下並整理乾淨。即使最容易忘記「開門後要隨手關門」這個動作，以及起身離開座位而拉開的椅子恢復原位等等，同樣都要求貫徹力行。

這些小事只要養成習慣，以後就會輕鬆許多，這樣大家都能開心生活。

動手榨新鮮果汁

從一年多前的某個工作中，我學到有些酵素只能從新鮮食材取得的重要性。從此之後，我買了果汁機，如果有空的話，每天晚上，在晚餐前我都會親手榨一杯新鮮果汁飲用。其實新鮮果汁早上喝比較理想，但在我家早上較難以實行，於是改成夜晚飲用。據說比起用餐過程或餐後，空腹喝果汁效果最佳。

果汁是由多種蔬果混合而成，若只有青菜汁喝起來很苦澀、難入喉，因此可以加入水果增加甜味比較好喝。在此我介紹我家經典的兩款果汁。

需要攝取鐵質時，可以榨一杯含高量鐵質的小松菜汁。除了主角小松菜以外，可以搭配香甜的蘋果一起榨汁。我也常榨高麗菜汁來飲用。因為丈夫的胃腸不好，這杯果汁加入大量有助於腸胃健康的高麗菜，喝起來不錯。直接喝高麗菜汁的味道沒那麼好，對胃的刺激也過強，因此我會加些甜味較強的葡萄一起榨汁。

果汁榨好之後，酵素會在十五分鐘內分解完畢，因此榨果汁要馬上喝是一大重點。

除了果汁以外，為了多攝取蔬菜，我經常會替自己做一大盤生菜沙拉當晚餐。這是每週固定出現在我家餐桌上的餐點，萵苣上面放上水煮蔬菜、烤蔬菜、生菜，有時會搭配一些雞肉、魚肉或堅果，然後拌入親手調配的淋醬，最後放在盤子上。麵包夾一點火腿或起司當作晚餐也不賴喔！

這樣的餐點份量可以隨個人喜好而增減，只要材料變化一下就能創新口味，而且淋醬也可以視當時心情調整，不會吃膩。以蔬菜為主的餐點要清洗的碗盤量很少，所以晚餐吃得開心又輕鬆。

我家必備的果汁材料。小松菜汁（左）和高麗菜汁（右）。

戶外散步勝過上健身房

為了解決丈夫運動不足的問題，我們開始養成散步的習慣。因為工作的緣故，我丈夫必須一大早起床上班，面對電腦持續工作到傍晚。一旦長時間待在公司，就很難有時間運動。因此我們想到的可行方案，就是利用他工作結束回家的這段路，改以步行走路回家，藉此達到運動的目的。一開始的時候，是我配合丈夫工作結束時間到公司附近的地鐵站會合，兩人一起走路回家。剛開始走的時候，覺得五公里的路程非常遠，無法走到回家。但每天重複走這段路，後來連週末也不間斷，現在週六、週日可以一天走上十公里。

戶外散步的穿著隨性就好，鞋子和衣服不需要侷限必須是慢跑專用，我會穿平常的牛仔褲，好穿的鞋子，背一個帆布背包或束口包，然後出發。在戶外散步時，我們互相配合對方的狀況，時而快走、時而漫步。有時沉默無言只有行走，有時彼此天南地北閒聊這一個禮拜以來發生的事或是忽然發想各種問題等等。對於平日很少有機會兩人獨處的我們來說，這是一段極珍貴的溝通時光。

散步的路徑大部分是平日的路線。選擇走同樣的路最大的理由，在於能夠清楚掌握哪裡有廁所。另外想要兩人並肩步行運動，能選擇的路很有限，必須是寬闊，而且週末幾乎沒有車輛往來的路。

我唯一在意的是盡早出門這件事。如果能在人車稀少、四周寧靜的時間出門最好。早出門、早用餐、早回家、早睡午覺，這是我家最理想的週末生活。

提到外出購物，我喜歡在商店剛開始營業時抵達。時間早一點店內顧客稀少，不必人擠人，逛起來輕鬆自在，也不用花時間排隊結帳，能夠快速結束採購任務。

散步是一件令人愉悅的事。步行不是跑步，步行時的速度對大腦而言是最具放鬆效果的律動。我記得中學的教科書裡，曾提到這類描述的文章。

「騎腳踏車或開車時速度不要太快，速度不要快過於讓你無法真實感受正在看的風景。相較之下，步行的速度是能讓你體察事物，同時思考的最佳速度。」這段文字摘選自「步行速度與思考速度」一文。

我個人不太擅長運動，也沒去過健身房運動。我習慣以日常生活能自然達成運動效果的運動，像是走路到車站、不搭地下鐵以走路取代或是在車站裡不搭電梯走樓梯也行。

在此向讀者介紹我喜愛的三條散步路線。

※路線一：往返日比谷大道到丸之內大道之間

出發地點從港區芝浦的ＮＥＣ總公司前面，由這裡朝日比谷大道皇居方向邁進。日比谷大道的人行道十分寬闊，週末中午前的時間車流量較少，非常適合散步。因為沿途有行道樹，即使是酷熱的天氣也能在樹蔭下散步。

來到芝公園附近綠意漸增，道路造景令人心曠神怡。經過增上寺之後抬頭深呼吸就可以看見巨木參天，路旁也有隨著季節更迭的花草景致，令人心曠神怡。

左邊可以看見東京王子飯店，附近有一家我偶爾會去光顧的比利時麵包店

「可迪迪亞麵包」。這家店七點半開始營業，環繞綠意下的露台座位十分具吸引力。

再步行一段路之後，來到辦公室林立的街道，依序走過日比谷公園、帝國飯店（這裡的花也好美喔！），到皇居護城河處朝左邊觀看，是丸之內警察局，在那右轉，進入日比谷大道後方一條稱之為丸之內仲通大道。這裡的行道樹十分密集，行人徒步區有歐洲石垣造景的步道，在這裡散步可以讓人心情很放鬆，沿途綠意盎然且設有休息用的長椅，非常適合行人散步。

經過丸大樓前方的中央郵局，穿越過整修中的東京車站，朝東京國際論壇前進。如果想稍微奢侈享受一下，可以到右邊的VIRON麵包店的露台上（VIRON早上十點鐘開始營業）品嚐香濃的咖啡和美味甜點。每個月第一和第三個週日，東京國際論壇前的廣場會舉辦大江骨董市集，我喜歡到那裡稍微逛逛，這也是散步的樂趣之一。

繞過JR有樂町車站前的鐵路，來到銀座中央大道。如果肚子餓想吃點什麼的話，銀座MELSA百貨七樓有一家「寺方蕎麥」是我最近常光顧的店家，我最喜歡吃的是味噌烏龍麵。

滿足口腹之欲後，再往JR新橋車站前進，經過第一飯店之後，由日比谷大道轉入小巷弄裡繼續朝濱松町方向步行。

來到芝大門飯店往右走，沒多久就能看見增上寺的大門，在這裡轉彎穿過寺門後，左邊有一家星巴克咖啡，天氣好時，我會在這家星巴克外面的露天座位喝杯咖啡，這裡是絕佳的閱報地點。

朝增上寺方向步行後向左轉，再度穿過日比谷大道，不久馬上可以回到出發點NEC大樓。這一段路程大約十公里。

※路線二：由日比谷大道到新橋短途步行

如果想做短程散步，起點可以比照「路程一」，走日比谷大道、丸之內仲通大道，從JR東京車站前起，朝JR有樂町車站前方折返。穿過迴廊後，可以到星巴克咖啡的戶外露天座位喝茶，中途不去其他地方可直接從JR新橋車站搭電車回家。這段路程大約六點五公里。

※路線三：由芝浦往返日本橋

若是我丈夫要去位於日本橋的理髮廳修剪頭髮時，我們就會走與平時不同的路。

由JR田町車站芝浦方向的田町保齡球館出發，經過YANASE門市前面，朝東芝總公司方向邁進。往JR濱松町車站的路上有一段上坡階梯，爬上去可以直通世界貿易中心，順著這條路可以走到通往建築物外的天橋。

下天橋之後，我們會穿越小巷弄往汐留方向前進。雖然巷弄路線錯綜複雜，但我們步行通過的時間大多沒有車輛通行，因此可以不受拘束地漫步其間。

最近不少巷弄都在施工，因此我們開始盡量避開汐留方向的路，改走昭和通。從那裡直接走到日本橋，可以趕上與理髮師約定的十點鐘。我在江戶橋一町目和丈夫各分兩路之後，通常會左轉來到COREDO日本橋複合式商業大樓前，再左轉進入ILLY精品咖啡店，在ILLY精品咖啡店裡喝杯水蜜桃茶，並且

閱讀書報。

等丈夫理髮完畢之後，會前來與我會合，我們再繼續散步。我們通常朝著銀座方向步行，在中央大道附近折返。如果狀況允許的話，也會到位於京橋警察博物館前的INAX書店（週日休息）逛逛。這間書店裝潢得小巧精緻，書店裡陳列許多有關室內裝潢或生活品味的書籍，是一間非常棒的書店。

肚子餓的時候我們會去位於銀座MELSA百貨四樓的印度料理餐廳「Old Delhi」用餐。我最愛吃這間店的香料奶油雞和香料奶油蝦。和「Old Delhi」位於同一樓層，MELSA百貨專門提供快速修改服務的櫃位是我的救星，這裡可以很快速地替顧客修改褲長。

如果我們想步行稍遠的距離，就不會在銀座用餐，而是直接走過銀座中央大道，以路程一的路徑從新橋往濱松方向走。當濱松町大門出現在右邊時就立刻左轉，轉彎後立刻可以在右邊看見一家中華料理店「新亞飯店」，它的小籠包非常美味喔。我通常會點小籠包、季節限定的炒豆苗和白飯充當午餐。

再度走回「路程一」相同的路線回家。這段路程總長大約十公里。

◎外公快樂的老年生活

每個人的人生目標各不相同。有的人決定永遠不退休而努力不懈，也有像我外公這樣享受退休生活的人。

第二次世界大戰爆發時，當時才十七、八歲的外公立刻被派去打仗。雖然戰後他奇蹟式的回到家人身邊，但隨後卻成為國內的難民，必須在陌生的土地上重新謀生。當年只穿著身上的衣服，和腳上那雙鞋子逃離家鄉，一切從零開始，靠自己的力量賺錢生活。

他和外婆二人胼手胝足努力工作，為了存錢徹底節省，避免生活上的浪費，買下屬於自己的房子（類似日本的公寓）。

雖然過的是節儉的生活，但毫無生活享受也是沒有樂趣的。一九七〇年代尚處於獨裁政權下的西班牙，因為加入國際貨幣基金組織，而在經濟上有不錯的發展。比起德國，西班牙的氣候條件優良，加上土地價格出奇得便宜，因此在當時掀起一股別墅興建熱潮。

那個時期，外公在巴倫西亞（Valencia County）附近的丹尼爾（Denia）街，買了一棟靠海的公寓。

德國人即便是在公司工作的上班族，也都有確實安排假期去度假的習慣。外公外婆還在工作時，也會帶我們這些孫子們，利用暑假和春假幾個禮拜的時間去西班牙度假。外公外婆的夢想是年老之後，一年當中能有一半的時間在西班牙生活。

或許是因為外公曾經在四十多歲生過一場大病的緣故，他深感時間的可貴。雖然擁有一份熱愛的工作，但最後他仍然無法如願持續工作至退休年齡，於是他提出提早退休的申請。

外公很謹慎使用退休金，但還不至於節省到讓生活品質變差。生活樸實的外公曾表示，他有足夠的存款可以度過退休生活。雖然外公喜愛喝紅酒，但他認為即便如此也不需要每天喝一瓶五千日圓的紅酒，他說他鍾愛的千元紅酒適合他的身分，喝這種酒就很享受了。

今年外公即將屆滿九十歲。很遺憾的是，外婆過世已經超過十年了。外婆曾經一度因為腦中風而出現阿茲海默症，外公多次帶著生病的外婆到西班牙休養。我也曾在那段時期前往西班牙與他們會合，大家常一同外出用餐，度過許多快樂時光。

過去為了節省開支，外公外婆什麼事都自己動手做，貼壁紙、縫製窗簾等，西班牙的家和德國的家都打理得整潔明亮。

外公外婆退休之前，每次去西班牙度假都會停留兩至四週，退休之後則一次都會待三個月以上。故前往西班牙必須攜帶許多行李，因此比起搭飛機，還不如開車划得來。為了節省開支，沿途他們不投宿旅店，外公外婆兩人輪流開車，徹夜行駛這段大約兩千公里的路程。

當年西班牙還沒有高速公路，因此得沿著地中海沿岸公路行駛，途中經過許多村莊。為了節省用餐支出，我們通常會把大家喜愛的食物（麵包、起司等）裝滿行李箱，然後出發。若是旅途一路順暢，行程沒有很緊湊的話，我們會在杜伊斯堡（Duisburg）和丹尼爾之間一處稱為橘郡的小鎮投宿一晚。

現在則多半是搭飛機前往西班牙，外公總是盡可能長時間待在西班牙，享受悠閒的生活。

飛機抵達巴倫西亞之後，通常會有一位住在當地的德國人開著我們的車到機場接我們（從一百公里遠道而來）。由於沒有車寸步難行，我們買一輛小車寄放在當地。我們的汽車鑰匙就是寄放在他那裡。此外，在我們抵達的前一天，通常也會有一位西班牙籍女性事先到家裡打掃，我們同樣將房屋鑰匙寄放在她那裡。等我們回國之後，她會負責清掃、洗衣與關閉門窗。多虧她多年來幫忙打理環境，九十歲的外公才得以舒適地在西班牙休養生息。

外公也有其他朋友與他同時期在西班牙度假勝地購置別墅。然而他們的人數逐年遞減中，因此與老友見面就成為外公的一大樂事。

6
人際交往的習慣

不要說「隨便都好」

受邀至他人家中，如果被問到「你要喝咖啡，還是紅茶？」的時候，往往不自覺會回答：「隨便都好，和大家一樣就可以了。」在重視和諧的日本，這種回答很得體。但是對西方人而言，自己不決定要喝什麼，反而要服務生代替你決定的這種做法，會給人一種幼稚的感覺。這樣的回答代表那個人自己拿不定主意，必須別人代勞才行。那樣反而會令人為難。

既然心中已決定喝咖啡或紅茶都可以的話，就清楚告訴對方「請給我咖啡」或「請給我紅茶」，這是一種禮貌。對於接待者而言，也能因為提供客人喜愛的飲品而獲得滿足感。

關於送禮

如果禮物送到心坎裡時，我們肯定會非常開心，但若收到的禮物是精心挑選仍不喜歡的話，就只能說真的很遺憾了。談到這件事，我就想起妹妹的朋友——芭芭拉小姐。我希望自己也能成為像芭芭拉小姐一樣的送禮高手，她總能送出最合適的禮物。

在德國，每逢有人生日，依照慣例壽星本人會邀請朋友來參加生日宴，或找一間餐廳招待朋友用餐，亦是自己親手烤蛋糕拿到辦公室請大家

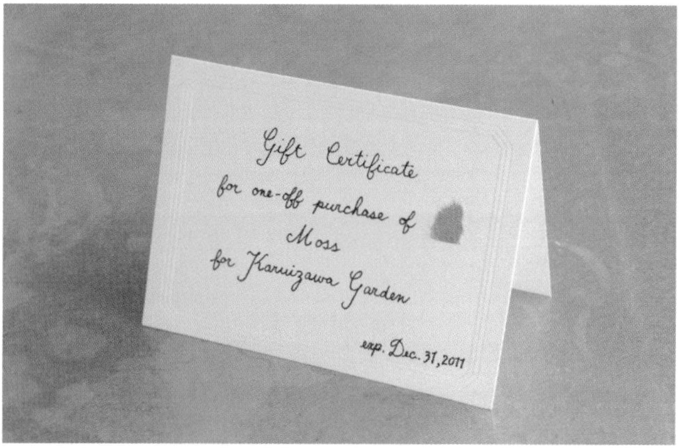

這是預備今年在母親生日時送她的「買庭院苔蘚送您」的生日願望實現卡。只要拿這張卡片，我就會為母親的庭院鋪上苔蘚！

品嚐。某年，芭芭拉小姐在妹妹生日之前，就事先和妹妹的每個朋友聯絡，芭芭拉出面籌募讓妹妹一圓巴黎寫生之旅的資金，因為妹妹曾說過想去巴黎寫生旅行的願望。當年她因此打電話到我位於東京的住所，我匯給她一百歐元。有的人像我一樣直接付現金，有人則以「讓妳在巴黎喝杯茶吧」匯個十歐元當禮物，也有人是送她風景明信片、郵票加上五歐元作為禮物等等。最後妹妹拿著大家捐贈為生日禮物的資金，也買了寫生本和法語會話書，在她生日慶祝會當天，出發前往巴黎展開三天兩夜的旅行。

對妹妹來說，唯一的任務就是旅遊歸來時必須讓大家欣賞她的寫生作品。這樣的生日禮物就非常棒。

此外，我曾經在家裡舉辦餐會時，而收到一份很開心的禮物。那次是丈夫邀請公司的部屬到家裡吃飯，當天我在家裡忙著準備餐點、打掃環境時，忽然快遞送來一盆很漂亮的花。餐會前一天一位公司同事不斷向我確認家裡幾點有人在家，當時我還覺得納悶，現在回想原來是因為要送花的原因呀！當然如果他到訪時送我一束花，我同樣會很開心，但這麼一來又得立刻忙著找花瓶、顧慮澆水之類的事。可見那位部屬的心思極為細膩，因為他知道送盆花就沒有這些麻煩了，他的貼心真是難得一見。

收禮之後，就得考慮如何回禮！然而不是要你馬上急著回禮。如何應對當然必須視彼此的交情或送禮內容而定，但若只是為了快速回禮，總覺得會讓難能可貴的心意大打折扣。

回禮的時間一整年都可以，當我找到適合對方的物品時，與其稱它為回禮，我更喜歡把它當作嶄新的禮物送給對方。例如，我會送鹿兒島二月上市的新鮮桶柑給最喜歡吃橘子的好友的小孩；看見漂亮的當地紀念馬克杯時，就會買來送給喜歡收集馬克杯的朋友。與其集中在歲末年終送特定的禮物，我比較喜歡針對個人有意義的時節送禮，既自然又有樂趣。

眼神交會

人與人的眼神交會是為了尋求彼此的認同。說話的時候看著對方，代表「我正在跟你說話」之意。

德國人很重視打招呼，人與人見面時一定要打招呼。對店裡的服務人員也一樣，不論自己或店裡的服務人員，彼此地位是對等的。在德國，不論搭計程車、逛時裝店或是上餐館，只要與負責接待者目光交會時，一定會打招呼說聲：「Guten Morgen！早安」、「Guten Tag！日安」、「Guten Abend！晚安」大家都習慣彼此互相問好。

不需要說德文，只要看著對方的眼睛，確認對方的存在，同時面帶微笑說聲「你好」就可以了。

在休閒露天啤酒屋或咖啡廳與他人比鄰而坐時，首先要打招呼。在德國，客人之間彼此地位平等，即便只是片刻，因為是必須在同個場所共處的對象，因此要打招呼。

當你看著對方的眼睛，詢問「Ist hier frei？」（請問這個空位有人坐嗎？）一定會聽見「Bitte sehr！」（請坐！）的回答。就算兩人之後沒有其他對話，如果能在喝第一杯酒時向對方致意，說聲「乾杯！」這樣打聲招呼的話，彼此都會覺得很愉快吧！

不用客套

大約二十年前我還在證券公司上班時，曾經有兩年時間派駐到倫敦當地。有一天，下班搭乘電梯時，電梯下了一層樓就卡住了，當時同在電梯裡還有一位日本男性和一位歐美男性電梯。然而等電梯緩緩到達一樓，電梯門一開，只見日本男性快速步出電梯。對那位日本男性而言，讓比自己年輕的女性員工操作電梯按鈕，由男性先行離開是理所當然之事。但是歐美男性見狀大驚失色，立刻靠到一旁，按下「開」的按鈕，向我致意「您先請」。

倫敦白領階級的男性很有紳士風度。對他們來說，女性優先的禮讓行為，是讓自己展現紳士風範的絕佳機會。若遇到這種場合女性還客氣推辭的話，倫敦男性是會很失望的。

溝通是一種遊戲。遊戲得在相同的條件規則下進行，事情才能順利運作而充滿樂趣。或許有些讀者會不太習慣女性優先，而且覺得有點不好意思，這時不妨輕輕以眼神向對方致意，說聲「謝謝」，然後大方走出電梯。

拒絕的藝術

「唉！好累喔！」我曾在電話裡向母親這麼說。母親回答：「妳是不是忙過頭了？有時候妳得適當拒絕，懂得說『不』喔？」

確實，我常因為當下感覺不錯，沒有考慮周全就與人約定許多事。因為會不自覺感到不好意思，而無法明確拒絕。但是我也明白勉強自己容易累壞身體而生病，反而帶給別人更多麻煩。

舉例來說，有人邀請你看展覽，雖然興趣不大卻說「YES」，當下或許覺得沒有什麼，但是等到看展當天心情一定是意興闌珊。因此受邀當下即使再難開口，明確拒絕說「不」的話，當下的心情或許會受到一些影響，覺得不太愉快，但相信之後反而會感覺很輕鬆。

或許是德國人比較重視個人主義的緣故，我們很擅長說「不」。我們不會找一堆理由來搪塞，會清楚說明因為很累而拒絕。相對地，邀約他人時也不會給對方壓力，強迫對方答應。

清楚說明白不是一件失禮的事，與含混不清的措詞全然不同。這代表你是個謹慎有禮又能夠充分表達自己意見的人。

漫長人生旅途中，時間是非常寶貴的。與人交際固然重要，但更要珍惜自己的時間，就從做好說ＮＯ的藝術開始吧！

在傳統中注入個人風格

我選擇嫁給故鄉在鹿兒島的長男當媳婦。「沒問題嗎？」當年很多好友都為我擔心不已，但我認為不論嫁到哪裡，和誰在一起，同樣必須面對類似的問題。最初一定會有很多不懂的地方，這部份只能靠別人指導，慢慢適應對方家庭才能克服。唯有一次又一次的見面、不斷學習、花時間相處，才能拉近心與心的距離。

現在我經常一個人回鹿兒島的故鄉，多半還是別人在指導我。婆婆、阿姨、大姑會教我做菜、準備各種儀式的用品。我認為不必苛求一定要百分之百合乎自己的意思。雖然大部份由我負責準備家人的餐點，不過大姑比我更擅長燉煮食物，偶爾我也會做幾道拿手的西餐料理。第一次做義大利滷汁寬麵時，看見公公吃得津津有味很開心的表情，讓我感到非常滿足。他還問我：「下次回來要做什麼好菜給我們吃呢？」為此每逢回故鄉省親，我都會特別採買食材做好準備。

雖然現在公公婆婆都已經過世，但我對他們的心意依舊沒變。他們的喪禮和法事等儀式仍依照家族傳統進行，我也在自己能掌控的範圍盡心盡力。

法事結束後，大姑準備一些糕點招待弔唁賓客們享用。除了端出當地名產地瓜麻糬之外，也有我所做的布丁可以搭配茶食用。雖然親戚和法師們臉上有些驚訝的表情，但我覺得即使造成話題也無妨，只要大家開心就好。雖然不太合乎傳統禮俗，但也在此展現出個人風格。

製造與父母約會的溫馨時光

大約在一年前吧？有一天我丈夫出去打高爾夫球，我因此有一整天完全屬於自己的假日。當天的天氣很好，手邊也沒什麼事情，於是我決定一個人去散步。這次不是為了身體健康而走，純粹是悠然自在地到處閒逛。走向平時不會去的地方，當我腦袋放空四處閒晃時，經常會突然靈光乍現想到好主意。那天也是這樣。

父親經常到市中心辦事，回去之前總會與我碰個面一起用餐，因此我們兩人共處的機會很多。但母親就不一樣，雖然我們常講電話，但是不常見面。我心想：對啊，何不每個月與母親來一場藝文約會呢？

住在東京這種都會中心的好處，就是藝文訊息特別多。只要一個不留神，經常會錯過原本想看的展覽。於是我計畫好一起去參觀母親一直想看的美術展，然後兩人一起共進午餐，悠閒快活地消磨一整天。我們外出時一切隨性，如果突然改變心意想去逛街買東西也未嘗不可。我們兩人就曾經放棄去上野美術館，而改去逛ビックカメラ（BIC CAMERA）連鎖電器量販店。因為我們的目的是兩個人一起度過一整天，於是這就成為我與母親兩人的甜蜜約會。

跨越國界的和睦相處之道

人們總覺得談起自己生長的國家心情會比較好。因為我們能夠清楚知道怎麼做比較好，也曉得每件事情的正確做法，只要事情能做得對，人就會比較有安全感。然而世界上還是有許多文化差異。

瑞典家具商IKEA大約在七〇年代中期進入德國市場，店內規定員工一律要配戴名牌，但這件事卻引發軒然大波。瑞典人和美國人習慣直呼對方的名字，因此他們就在名牌上印製每個人的名字。但是在德國，絕大多數員工無法適應讓不認識的人直呼自己的名字，因此心中產生強烈的排斥感，最後迫使德國IKEA只好將名牌印上員工的全名，並且在名牌上標示「Ja（Yes）」或「Nein（No）」，「Ja（Yes）」代表你可以直呼他的名字，而「Nein（No）」代表請你喊他的姓，以此來做區分。

像這類我們覺得理所當然的事，跨越國界之後有時會變得大不相同。在此我為讀者介紹幾個代表性的文化差異。

※堅定的握手

在德國，與人見面時要打招呼，握手也是很重要的一環。無形中可以從握手的方式來判斷對方是怎樣的人。態度堅定明確的握手是最好的握手方式。我有一位德國女性好友，與人握手時彷彿剛和對方簽完約似地，她會用力握緊你的手，上下擺動。

手部完全不施力，隨便摸一下的握手方式，外公稱這種方式叫做「濕抹布」。這種握手方式用在對於對方完全沒有任何好惡感的人身上。基本上與人握手時，最好是帶著善意且態度堅定，才能將誠意傳達給對方。

※受邀到訪的時間

初次接受瑞士友人邀約到他家共進晚餐，我特意稍微延遲十五分鐘抵達，結果友人卻是希望我分秒不差地準時到訪。據說因為他習慣根據客人抵達的時間，決定何時將肉送進烤箱，十五分鐘的時間差距對肉塊的炙烤狀態會產生極大的影響。

然而我揣摩自己的情況，認為當我邀請別人到家中用餐時，總是忙於準備餐點到最後一刻，所以若客人太早到反而讓我感到太困擾。

因此到底要準時到達，還是稍微晚點抵達，得視聚會的型態而定，必須視當時狀況來思考應對。

※乾杯的方式

乾杯時要認真看著對方的眼睛。日本人乾杯時不知何故總是舉高杯子，讓杯子互相碰撞，這與德國人的乾杯方式有些不同。如果在露天啤酒屋之類的輕鬆場合聚會，這樣喝啤酒乾杯倒沒無所謂，但若是與家人圍坐在桌前用餐的場合，就得採取更嚴謹的乾杯方式。外公教我的方法如下所述。

首先，舉起紅酒杯，高度約在比眼睛稍微高一點的位置。接著，依序與餐桌前每個人視線相交，然後可以與離你最近的人輕碰酒杯，對離得較遠的人則輕輕舉高酒杯，與對方互相示意之後，再說「乾杯」。這時就算杯子沒碰在一起也無妨。和每個人目光接觸之後，喝下第一口紅酒之後，接著將酒杯稍微舉高，然後與圍繞桌前的親朋好友們再次目光交會。

※打招呼

我發現在日本搭電梯時，若不認識對方的話另當別論，但即便遇到住在同棟公寓的人，也一樣不太去看對方，頂多稍微點個頭致意。人們彷彿習慣將對方當成不存在的空氣，靜默無言地讓時光流逝。這種做法從某個層面來說，非常省事。

相較之下，在美國與人同乘電梯時，常有人喜歡主動與人攀談。多半會從天氣如何，你從哪裡來等等輕鬆話題聊起。偶爾會覺得有點麻煩，但對於主動攀談的人而言，這或許是他想表達的體貼與善意。搭電梯意味著必須和不認識的人一起待在密室裡，或許是不希望對方覺得自己很奇怪，也或許是為了讓彼此能夠心情愉悅地度過這短短的兩、三分鐘，有人會刻意與人攀談。

一旦有人開口說話也不需要慌張，即使對自己的社交能力沒有信心也無妨。最重要的是看著對方的眼睛，以笑容回應對方，讓他了解你已經聽見他的招呼聲就行了。

※鞠躬行禮

有一次我在德國看見一位日本人剛下計程車，當司機從後車廂替他把行李卸下之後，那位日本人一面說「謝謝」，一面向司機先生鞠躬行禮，司機見狀也朝日本客人鞠躬行禮，結果日本人又向司機再行一個更大的禮。於是這兩個人就一直不斷地互相鞠躬行禮著，我看那位德籍司機有點不知如何是好的樣子。

行禮，對日本人而言是一種表達親切情感的動作。西方人沒有敬禮的習慣，只有在神或女王面前才會深深一鞠躬，因為低頭代表服從的意思。因此對西方人而言，鞠躬行禮這件事會讓他們覺得倍感壓力。

※送花

收到花總是令人無限歡喜。不過要留意花各有代表性的花語，例如：西方送紅玫瑰代表愛的告白「我愛你」，如果是輕鬆的場合送紅玫瑰就不太適合了。此外，我的好友派駐在曼谷期間，參加宴會時，原本打算帶一盆漂亮的蘭花當作禮物，卻被提醒這個禮物並不受歡迎。在日本視為珍品的蘭花，對曼谷人而言卻不太感興趣，倒不如藍色康乃馨來得討喜。在日本，有一次我曾要求丈夫幫忙買花送給剛回國的好友慶生，結果很少買花的丈夫居然買了供奉在佛壇上的菊花送人。

買花送禮的學問出乎意料地深奧。如果不清楚該送什麼的時候，或許買盒巧克力反而比較沒有爭議。

※德國敬語

或許由於歐洲相較於美國，對彼此地位高低關係的意識較強之緣故，因此德語有敬語的表現。代表「你」（英語中的you）的德語有兩個，關係親近的對象用「Du」、初次見面不太熟悉的對象則用「Sie」。稱呼「Du」的對象彼此交情可以直呼對方名字，而使用「Sie」的對象就只能用姓氏來互相尊稱。

昔日德國人彼此交往時，一開始會先用「Sie」互相尊稱，關係拉近之後，當某方提議「我們互相稱對方Du吧！」獲得雙方認同之後，才能改變稱謂。像我住在德國的外公與住在外公家正對面公寓的老太太是認識三十多年的朋友了，每回談到有關她的話題時，外公總會說「我和她是『Du』的老交情了」。

對於外公那個年代的人而言，「Du」具有極珍貴的意涵。德國在世界大戰結束後，為求建立自由平等的社會，對敬語的使用不如以往那麼重視。特別在學生之間，直接規定一律互相稱呼彼此「Du」（我在德國保守派作風的外公外婆養育下，對於與每個人都以Du來稱呼有些抗拒和不習慣）。甚至曾有一度還流行小孩也直呼父母的名字。但我覺得最後一定會變成暫時性的潮流，因為現在恢復使用「Sie」的人已經漸漸增多了。

德語的敬語和日語的敬語最大的差異，在於德語不必正確判斷彼此的上下關係。公司的上司對下屬不會用「Du」。有時彼此私交好或互相熟識的情況下會互稱彼此的名字，基本上因工作關係結識的人之間，彼此會以姓氏尊稱。

在德國和初次見面的人打招呼時，無論年長或年幼者，都用「Sie」會比較好。即使是年齡相仿者之間，想以「Du」互稱也必須由某方先提議為宜。如果自己稱對方「Du」，而對方回你「Sie」的話，你必須用「Sie」回應才行。此外，年長的男性與比自己年輕的女性說話時，彼此交情若能從「Sie」改稱為「Du」，也都是由女性這方提出「請您直接叫我的名字就行了」之後，才能正式改變成「Du」的稱謂，進入「Du」的關係。

自在做自己

當我還是小學生的時候，被人問到「妳比較喜歡德國，還是日本？」這個問題時，總是無法回答。這個問題就好像要我「去選父母」一樣，實在難以回答。

對我來說，日本和德國都是我身體的一部分，要我單獨選擇哪一邊都不可能。童年時期，不論在日本的學校，還是德國的學校上學，大家通通稱我為「外國人」，我的內心總是很受傷。

然而時至今日，我對這一切經歷心存感激。正因為有這樣的經歷，使我能周遊世界，看見世界的不同面貌，這些過程對造就現在的我而言極為重要，幫助我展開屬於自己的嶄新風貌。並非因為我是日本人或是德國人，而是我認為比一切都重要的是人與人之間的溝通。溝通就像玩拋接球遊戲，不論與何種文化背景的人說話，只要發揮你的想像力，就能將球拋接得漂亮又順手。不管在什麼情況下，遇到怎樣的對象，只要掌握住溝通的重點，相信你也可以優雅自在地表現自我。

我對自己立下心願，不論在何時、何地，與何人會面，都要保持最自然的個人風格。當然穿著和服時，會比平常多一點因穿著和服而必須採取的動作，但我認為即便如此，也不需要過度迴異於平常。因為我是日本人，也是德國人，我是兩者兼容並蓄的存在。

後記

我出生在日本，因為母親是德國人的緣故，家中的生活習慣屬於德國風格。家裡的認知和外界有很大的不同。另外，因為配合父親工作的關係，我小時候每隔幾年就要變換居住的國家，每當這個時候，原本我熟悉的社會認知也得隨之改變。父親的宗教信仰是佛教，母親是基督徒（新教），而我結婚的夫家則是信奉神道教。總之，我的生活被各種價值觀所環繞著。

要適應新的國家或環境時，總會感到惶恐不安而覺得疲憊。但我會置身其中，觀察其他人如何應對進退，或者請別人將自己的心得傳授給我。我經常思考為什麼？何以如此？我能感覺到這些不同的社會認知對我產生的刺激。

聆聽他人言談時保持興趣，能從中學習到許多事情。我盡力追求讓自己樂在其中、活在當下。從眾多的思考模式中，慢慢培養出具有個人風格的習慣。

生活天天有新的變化，一度定下的規則也會經常與時俱變。我認為人生的要務，是讓自己的思想保持柔軟度，能定睛審視形勢，以及尋找舒適自在的生活律動。

最後，我要感謝一直關心並協助督促本書編寫進度的編輯八木麻里小姐。同時也感謝攝影師石川美香小姐的妙手拍攝助我一臂之力，真的非常謝謝她們。靠我一己之力尚有許多不足之處，感謝溫柔守候在我身旁的鹿兒島家人們。此外，我也要向靈感泉源的雙親以及德國的外公外婆致謝，還有每個週末陪我一起散步的老公，真的謝謝你。

國家圖書館出版品預行編目資料

簡單就好，生活可以很德國 / 門倉多仁亞著 ; 王淑絹譯.
-- 二版. -- 臺北市 : 商周出版 : 家庭傳媒城邦分公司發行, 民109.01
面 ： 公分
譯自：ドイツ式暮らしがシンプルになる習慣
ISBN 978-986-272-147-6（平裝）
1. 簡化生活 2. 生活指導 3.德國
192.5 101004905

簡單就好，生活可以很德國

原著書名／ドイツ式暮らしがシンプルになる習慣
作者／門倉多仁亞
譯者／王淑絹
企畫選書／林宏濤
責任編輯／謝函芳、梁燕樵

版權／黃淑敏、吳亭儀
行銷業務／莊英傑、李衍逸、黃崇華、周佑潔
總編輯／楊如玉
總經理／彭之琬
事業群總經理／黃淑貞
發行人／何飛鵬
法律顧問／元禾法律事務所 王子文律師
出版／商周出版
城邦文化事業股份有限公司
臺北市中山區民生東路二段141號9樓
電話：(02) 2500-7008 傳真：(02) 2500-7759
E-mail：bwp.service@cite.com.tw
Blog：http://bwp25007008.pixnet.net/blog
發行／英屬蓋曼群島商家庭傳媒股份有限公司城邦分公司
臺北市中山區民生東路二段141號2樓
書虫客服服務專線：(02) 2500-7718・(02) 2500-7719
24小時傳真服務：(02) 2500-1990・(02) 2500-1991
服務時間：週一至週五09:30-12:00・13:30-17:00
郵撥帳號：19863813 戶名：書虫股份有限公司
讀者服務信箱E-mail：service@readingclub.com.tw
歡迎光臨城邦讀書花園 網址：www.cite.com.tw
香港發行所／城邦（香港）出版集團有限公司
香港灣仔駱克道193號東超商業中心1樓
電話：(852) 2508-6231 傳真：(852) 2578-9337
馬新發行所／城邦(馬新)出版集團 Cité (M) Sdn. Bhd.
41, Jalan Radin Anum, Bandar Baru Sri Petaling,
57000 Kuala Lumpur, Malaysia
電話：(603) 9057-8822 傳真：(603) 9057-6622

封面設計／謝佳穎
排版／唯翔工作室
印刷／韋懋實業有限公司
經銷商／聯合發行股份有限公司
電話：(02) 2917-8022 傳真：(02) 2911-0053
地址：新北市231新店區寶橋路235巷6弄6號2樓

■2012年4月5日初版1刷
■2020年2月二版1刷
定價 320元

Printed in Taiwan
城邦讀書花園
www.cite.com.tw

ISBN 978-986-272-147-6

商周出版

廣	告	回	函
北區郵政管理登記證			
台北廣字第000791號			
郵資已付，免貼郵票			

104台北市民生東路二段141號2樓

英屬蓋曼群島商家庭傳媒股份有限公司　城邦分公司

請沿虛線對摺，謝謝！

商周出版

書號：BK5068X　　**書名：簡單就好，生活可以很德國**

請於此處用膠水黏貼

商周出版

讀者回函卡

感謝您購買我們出版的書籍！請費心填寫此回函卡，我們將不定期寄上城邦集團最新的出版訊息。

不定期好禮相贈！
立即加入：商周出版
Facebook 粉絲團

姓名：＿＿＿＿＿＿＿＿＿＿＿＿ 性別：□男 □女

生日：西元＿＿＿＿年＿＿＿＿月＿＿＿＿日

地址：＿＿＿＿＿＿＿＿＿＿＿＿

聯絡電話：＿＿＿＿＿＿ 傳真：＿＿＿＿＿＿

E-mail ：

學歷：□ 1. 小學 □ 2. 國中 □ 3. 高中 □ 4. 大學 □ 5. 研究所以上

職業：□ 1. 學生 □ 2. 軍公教 □ 3. 服務 □ 4. 金融 □ 5. 製造 □ 6. 資訊
□ 7. 傳播 □ 8. 自由業 □ 9. 農漁牧 □ 10. 家管 □ 11. 退休
□ 12. 其他＿＿＿＿＿＿

您從何種方式得知本書消息？

□ 1. 書店 □ 2. 網路 □ 3. 報紙 □ 4. 雜誌 □ 5. 廣播 □ 6. 電視
□ 7. 親友推薦 □ 8. 其他＿＿＿＿＿＿

您通常以何種方式購書？

□ 1. 書店 □ 2. 網路 □ 3. 傳真訂購 □ 4. 郵局劃撥 □ 5. 其他＿＿＿

您喜歡閱讀那些類別的書籍？

□ 1. 財經商業 □ 2. 自然科學 □ 3. 歷史 □ 4. 法律 □ 5. 文學
□ 6. 休閒旅遊 □ 7. 小說 □ 8. 人物傳記 □ 9. 生活、勵志 □ 10. 其他

對我們的建議：＿＿＿＿＿＿＿＿＿＿＿＿

＿＿＿＿＿＿＿＿＿＿＿＿

＿＿＿＿＿＿＿＿＿＿＿＿

請於此處用膠水黏貼